La mia cucina TOSCANA

La mia cucina

Tos

Dania Lucherini   Yvonne Tempelmann

C A N A

Fotografiert von Andreas Thumm

AT Verlag

AT Verlag, Aarau, Schweiz
Rezeptübersetzung und Begleittexte: Yvonne Tempelmann
Fachliche Durchsicht der Rezepttexte: Mara Fabian
Lithos, Druck, Bindearbeiten: Kösel GmbH, Kempten
Printed in Germany

ISBN 3-85502-597-5

Inhaltsverzeichnis

Vorwort 7

Neue kulinarische Notizen aus der «Chiusa» 8

~ Antipasti – *Vorspeisen* 14

Olivenöl – Gottesgabe der Natur 24

~ Zuppe – *Suppen* 28

Pasta – der himmlische Genuss 36

~ Primi piatti – *Pasta und Risotto* 40

~ Pesce e Frutti di Mare – *Fisch und Meeresfrüchte* 56

Essig aus Modena – balsamische Tropfen 68

~ Sorbetti – *Sorbets* 72

~ Carne – *Fleischgerichte* 78

Trüffel – die Winterfreuden der Toscana 92

~ Contorni – *Beilagen* 96

~ Dolci – *Desserts* 104

Käseproduktion zwischen Handwerk und Technik 118

~ Le miei ricette personali – *Meine persönlichen Rezepte* 122

~ Ricette di base – *Grundrezepte* 132

Rezeptverzeichnis 137

Vorwort

Der Zufallsbegegnung mit Dania Lucherini, die zu einer «Dauerbeziehung» ganz eigener Art wurde, verdankt auch dieses zweite Buch über ihre toskanische Küche seine Entstehung.

So sehr von der Landschaft der Colli senesi und ihren Menschen angetan, dass es mich immer wieder dorthin zog, erwuchs aus unseren Kontakten ein Gedankenaustausch, der in der Idee gipfelte, den Wurzeln von Danias Küche nachzugehen. Denn, das hatte Dania bereits in unserem ersten Buch ausdrücklich erwähnt, ihre Mama Lidia hatte schon früh ihr Interesse am Kochen und an der toskanischen Kochtradition geweckt. Und hat sie auch nicht davon abgehalten, dieser ihren eigenen, heutigen Stil zu verleihen. Dabei blieb es dann jedoch nicht. Über die Frauen aus Montefollonico, die in der «Chiusa»-Küche mitarbeiten, lernte Dania auch die alten, überlieferten Gerichte kennen, die diese seit Generationen für ihre Familien kochen, und das eine oder andere floss auch in ihr Repertoire ein.

Danias Verdienst ist es, gerade diesen Rezepten ihre Ursprünglichkeit zu lassen, sie den heutigen Bedürfnissen entsprechend zu verfeinern und ihnen die Leichtigkeit zu verleihen, die diese Gerichte nun auszeichnet. Zu danken ist so nicht nur Dania allein, die uns wiederum Einblick in ihre «raffiniert einfache» Küche gab, sondern auch ihrer Mama Lidia, den Nachbarinnen und Köchinnen Bonella, Jolanda, Navina und anderen mehr, die ebenfalls dazu beitrugen, dass diese einfachen, traditionellen Rezepte aus der Toskana nicht verlorengehen.

Yvonne Tempelmann

Montefollonico, im Sommer 1997

Neue kulinarische
aus der «Chiusa»

NOTIZEN

Die ersten kulinarischen Notizen aus der «Chiusa» waren vor neun Jahren die unausweichliche Folge einer in einem Augenblick entfachten «folie» für das Feinschmeckerlokal am Rande des toskanischen Städtchens Montefollonico. Auf das überraschend elegante Restaurant im rustikalen Baukomplex war ich an einem milden Herbsttag zufällig gestossen, obschon es unter Insidern schon damals kein Geheimtip mehr war, wie sich im nachhinein herausstellte. Heute ist solches kaum mehr denkbar. Zu zahlreich sind die Einträge in internationalen Gastronomieführern, als dass man noch vom Zufall allein an diesen wunderschönen Ort geführt werden könnte.

Nach wie vor ist die «Fattoria La Chiusa» eine Stätte, wo sich eine internationale Klientel einfindet und sich, mehr noch, immer wieder einfindet. Und nicht allein die kreative, auf der bäuerlichen toskanischen Tradition fussende Kochkunst Danias mag der Grund dafür sein. Denn in den neun Jahren seit Erscheinen des ersten Kochbuchs mit Rezepten von Dania hat sich in der «Chiusa» auch sonst einiges getan. Immer noch schmeicheln Danias Gerichte dem Gaumen, und noch immer bezaubert sie die Gäste mit ihrem Charme, wenn sie für Momente der Küche den Rücken kehren kann. Ebenso beständig dirigiert Umberto Lucherini, mit Dania zusammen Besitzer des Betriebs, als Patron sein Team im Speisesaal. Inzwischen allerdings sekundiert von der gemeinsamen Tochter Francesca, die nach ihrem Studium nun ebenfalls eine Karriere im elterlichen Betrieb begonnen hat.

Kaum verändert hat sich das kulinarische Angebot der «Chiusa»-Küche. Es folgt der bäuerlichen Tradition, von Dania allerdings subtil verfeinert, ohne dass die eigentlichen Wurzeln in Frage gestellt werden. Es kommt auf den Tisch, was Gemüsegarten und Markt hergeben, begleitet von den italienischen Grundnahrungsmitteln Teigwaren, Reis, Brot und anderen einheimischen Produkten. Ricotta beispielsweise, aus Molke gewonnener Frischkäse (siehe Seite 119). Parmesan und Pecorino, beides bekannte traditionelle Käsesorten, sind ebenfalls tragende Geschmackselemente der toskanischen Küche. Auch unter den Fleischgerichten gibt es einige, die unverändert auf der Speisekarte der «Chiusa» stehen, weil sie einfach zur Kochtradition gehören. Sie basieren auf dem heimischen Tierbestand der Bauernhöfe: vornehmlich Schafe und Ziegen, Schweine und Geflügel, Wild und vereinzelt das Chianina-Rind. Diese Rasse aus dem nahen Chianatal, elegant hochbeinig, mit weisslichem Fell und nach vorne gebogenen Hörnern, liefert als «Vitelloni», einer Altersstufe zwischen Kalb und Rind, die auserlesene Fleischqualität für die berühmte «Bistecca fiorentina». Sie wird, nicht dicker als zwei Zentimeter geschnitten, auch in der «Chiusa» über Holzkohle gegrillt, nur mit Salz und Pfeffer gewürzt und zum Schluss mit dem legendären «filo d'olio», dem Schuss Olivenöl, aromatisiert.

Seit nun auch hier in den Colli senesi dank Tiefkühltransporten frische Fische auf den Wochenmärkten erhältlich sind, hat sich Dania auch Fischgerichten zugewandt. Auf der Speisekarte stehen sie nicht; sie werden, sofern vorhanden, als «Tagestip» angeboten. Dabei greift Dania vor allem auf überlieferte Rezepte ihrer Grossmutter Ada und Mama Lidia zurück. Da beide lange an der tyrrenischen Küste, der Riviera degli etruschi zwischen Piombino und Castiglioncello, lebten, waren ihnen Fisch und Meeresfrüchte als Alltagsgerichte geläufig. Manche davon sind auch bei Dania beileibe keine eleganten Gerichte, da sie sie weitgehend original weitergibt – wie die Suppe aus Fischköpfen der Nonna Ada zum Beispiel. Dass man Muscheln auch einmal mit Kalbfleisch füllen und damit in einer völlig unbekannten Version servieren kann, kommt übrigens auch aus Nonna Adas kulinarischer Hinterlassenschaft.

Nach wie vor bestimmen Garten und Markt den saisonalen Reigen der Gemüsebeilagen. Danias Kräutergarten ist beeindruckend; heckenweise wachsen Rosmarin- und Thymiansträucher, gedeihen Teppiche von tiefgrüner Petersilie und, wenn es warm geworden ist, zartgrünem Basilikum. Aus den umliegenden Wiesen holt sich Dania Nepitella, die wilde Minze, die sie reichlich zu Steinpilzen verwendet, und andere Kräuter, die ihr Geheimnis sind. Ein Spaziergang mit ihr führt immer zu neuen Entdeckungen, überall lässt sie sich von ihrer Nase leiten, beschnuppert jedes Grünzeug und entdeckte so zum Beispiel in den Ritzen der Natursteinmauern, welche die Wege rund um die «Chiusa» säumen, die «Stregoli», ein Sommerkraut, aus der ihre Grossmutter Ada einst eine sommerlich-leichte Suppe gebraut hatte.

Diese Kräuter sind eigentlich die einzige Zutat, die in unseren nördlicheren Breiten, klimatisch bedingt, nicht in auch nur annähernder Qualität erhältlich sind. Die Frische, die Danias Gemüsegarten gewährleistet, bietet sich ebenfalls nur, wo ein eigener Garten oder ein Frischmarkt für Früchte und Gemüse zur Verfügung stehen. Sonst aber findet sich nach meiner Erfahrung alles, was Dania verwendet, auch bei uns. Olivenöl, Balsamicoessig, Ricotta, der italienische quarkähnliche Frischkäse, in der Pilzsaison Pilze und im Herbst die kostbare und kostspielige Trüffel finden Sie fast mit Sicherheit beim nächsten «Italiener», wie wir die oft kleinen Lebensmittelläden liebevoll bezeichnen, die von italienischstämmmigen Inhabern in erster oder zweiter Generation geführt werden, oder im nächsten (italienisch angehauchten) Traiteur- oder Feinkostgeschäft, das etwas auf sich hält.

So weit blieb in der «Chiusa» eigentlich fast alles beim alten. Eine Veränderung, welche die Gäste vielleicht nicht auf den ersten Blick wahrnehmen, ist die nun bald vollzogene Umstrukturierung vom einstigen reinen Esslokal zum heutigen «piccolo albergo». Wie es dazu kam, lesen Sie auf Seite 26. Dass man sich heute in

der «Chiusa» also nicht nur kulinarisch verwöhnen lassen, sondern hier auch logieren kann – in den Sommermonaten allerdings nur nach vorgängiger Reservation –, das soll schon hier verraten werden.

Die Gäste sind nun also nicht mehr gezwungen, die Rückfahrt zur nächstgelegenen Unterkunftsmöglichkeit einzuplanen, sondern können sich entspannt dem Abendessen in der «Chiusa» widmen. Und sie können sich nun auch eher etwas näher auf das Angebot aus dem Weinkeller, der ja ebenfalls das Beste vom Besten aus der Umgebung zu bieten hat, einlassen. Ganz abgesehen davon, dass die Gästezimmer und Suiten, die in den umfunktionierten Gewerberäumen der ehemaligen Olivenmühle entstanden sind, natürlich mehr sind als banale Hotelzimmer. Denn schliesslich tragen auch sie Danias Handschrift, die es sich nicht nehmen liess, sich der Gestaltung dieser Räume ebenfalls persönlich anzunehmen. So ist nun hier nicht mehr allein von einem Esslokal, wo es sich lukullisch speisen lässt, zu reden. Vielmehr ist in dieser einmaligen Landschaft der Colli senesi mit all ihren Düften, dem Gesang von Schwalben und Nachtigallen und der berückenden Aussicht zur Basilica von Montepulciano oder über die sanften Wellen des Valle d'Orgia nun eine Oase entstanden, wo Entspannen und Geniessen kein Traum mehr ist, sondern traumhafte, toskanische Wirklichkeit.

A N T I

Vorspeisen

Natürlich beginnt auch in der «Chiusa» eine Mahlzeit mit einer Vorspeise. Es wäre sträflich, sie zu verpassen! Selbst wenn eines der meist unerwartet angebotenen Amuse-bouches, kleine Pizze oder eine Mini-Bruschetta nach Danias Laune des Augenblicks, schon auf die kommenden Genüsse einstimmt, vermögen dies noch viel besser die Vorspeisen, die fast immer dem saisonalen Angebot des Gartens und Marktes folgen.

P A S T I

Bruschetta al tartufo nero

Geröstete Brotscheiben mit schwarzer Trüffel

4 Scheiben	toskanisches Weissbrot
	Olivenöl extra vergine
20 g	schwarze Trüffel
	Parmesan, in feine Scheiben geschnitten
	Salz, Pfeffer

Traditionell verwendet man dafür, wie Dania betont, das toskanische Weissbrot, das «pane comune», das kein Salz enthält und deshalb individuell gewürzt werden kann. Doch auch aus anderem Brot (aber eher kein Vollkornbrot) ist eine Bruschetta, vor allem mit dem im Spätherbst neuen Olivenöl, eine absolute Delikatesse.

~ Die Brotscheiben am offenen Feuer auf einem Grill über der Glut oder mit einem elektrischen Toaster knapp hellbraun rösten. Die heissen Brotscheiben mit Olivenöl beträufeln, etwas salzen und mit Pfeffer aus der Mühle würzen.

~ Mit einem Trüffelhobel hauchfeine Trüffelscheiben direkt aufs Brot hobeln und einige ebenfalls sehr dünn gehobelte Parmesanscheiben darübergeben.

Danias Rat: Für diese Vorspeise kann sehr gut Brot vom Vortag verwendet werden. Manchmal belegt sie einen Teller mit Blättern von Rucola (Rauke) oder grünem Salat und serviert die Bruschetta auf diesem appetitlichen «grünen Bett».

Frittata alla moda di zia Gina

Omelette nach Tante Ginas Art

Dieses unkomplizierte Gericht kann anstelle eines kleineren Hauptganges serviert werden. Tante Gina bereitete es auch oft zu, um es anlässlich eines Picknicks am Meer oder auf dem Land kalt zu servieren.

~ Die Tomatensauce, wie auf Seite 134 beschrieben, zubereiten.

~ Für die Omelette die Eier in einer Schüssel aufschlagen, Salz, Pfeffer und die Milch beifügen und alles kräftig verquirlen.

~ Eine Bratpfanne (vorzugsweise mit Antihaftbeschichtung) mit wenig Öl ausstreichen, erhitzen und die Hälfte der Eiermasse hineingeben. Auf mittlerer Hitze eine Omelette backen, die innen noch etwas feucht sein soll. Auf einem Schneidbrett beiseite stellen und aus dem Rest eine zweite Omelette backen.

~ Die Omeletten auf einem Schneidbrett einrollen und in 2 cm breite Scheiben schneiden. In der Bratpfanne die Tomatensauce erwärmen, die Omelettenstreifen hineingeben und sorgfältig darin wenden. Auf Tellern anrichten und mit dem Parmesan bestreuen.

Danias Rat: Falls Sie Tante Ginas Omelette ebenfalls für ein Picknick vorsehen möchten, ist es ratsam, die Tomatensauce separat zu transportieren und die gebackenen Omeletten erst vor der Mahlzeit in Streifen zu schneiden, auf Tellern anzurichten und mit der kalten Tomatensauce zu überziehen.

Für die Tomatensauce:

1 kg	reife Tomaten, gewürfelt
150 ml	Olivenöl
5	mittelgrosse Karotten, fein gehackt
3	Selleriestangen, fein gehackt
2	mittelgrosse Zwiebeln, fein gehackt
1 Bund	Basilikum, fein gehackt
1 Prise	Zucker
	Salz, Pfeffer

Für die Omelette:

6	Eier
2 EL	Milch
4 EL	Parmesan, frisch gerieben
2 EL	Olivenöl
	Salz, Pfeffer

Carciofi ripieni

Gefüllte Artischocken

	Saft von 2 Zitronen
6	Artischocken samt Stiel (kleine italienische Sorte)
20	Kapern, gewaschen und fein gehackt
1 Bund	Schnittlauch, fein geschnitten
2 EL	Paniermehl
100 ml	Olivenöl
2	mittelgrosse Karotten
2	mittelgrosse Zucchini
100 ml	Weisswein
	Salz, Pfeffer

~ In einer Schüssel kaltes Wasser mit dem Saft einer Zitrone bereitstellen.

~ Die Artischocken samt den Stielen waschen. Die Stiele abschneiden und in feine Scheiben schneiden. Die äusseren harten Blätter und das Heu entfernen (nur den Boden, die zarten Herzblätter und die Stiele verwenden). Zwei Artischocken in feine Scheiben schneiden und mit den in Scheiben geschnittenen Stielen etwa 10 Minuten ins Zitronenwasser legen, damit sie nicht schwarz werden. Dann ungefähr 15 Minuten in kochendem Salzwasser wallend kochen. Das Wasser abgiessen und alles im Cutter oder Mixer pürieren.

~ Die Kapern, den Schnittlauch, das Paniermehl und die Hälfte des Olivenöls zum Artischockenpüree geben. Salzen.

~ Die restlichen 4 Artischocken sorgfältig aushöhlen und ebenfalls 5 Minuten ins Zitronenwasser legen. Dann mit der Spitze nach unten auf einem Küchentuch abtropfen lassen. Nach wenigen Minuten wenden, innen und aussen salzen und mit der vorbereiteten Masse füllen.

~ Inzwischen die Karotten und Zucchini waschen und in feine Streifen oder Stäbchen schneiden.

~ In einer Kasserolle etwas Wasser mit dem Wein und dem restlichen Olivenöl erhitzen. Die gefüllten Artischocken hineinstellen und etwa 15 Minuten dünsten.

~ Die Karotten- und Zucchinistreifen mischen, auf vier Teller verteilen und mit etwas Olivenöl beträufeln. Je eine Artischocke darauf anrichten und die Blätter etwas auseinanderdrücken, so dass eine «Blume» entsteht.

Fiore di zucchino farcito

Zucchiniblüten mit Ricottafüllung

8	Zucchiniblüten
150 g	Ricotta
1	Ei
1 Bund	Petersilie, fein gehackt
50 g	Butter
4	reife Tomaten, enthäutet, entkernt und gewürfelt
1 Prise	Zucker
	Salz, Pfeffer

~ Die Zucchiniblüten sorgfältig waschen, Stiel und Staubgefässe entfernen, zum Trocknen auf ein Tuch legen.

~ In einer Schüssel die Ricotta und das Ei mit einer Gabel zusammen verrühren. Salz, Pfeffer und die gehackte Petersilie zufügen und alles gut mischen. Die Zucchiniblüten mit dieser Masse sorgfältig füllen und die Spitzen leicht zusammendrücken.

~ Die Butter in einer Kasserolle zergehen lassen, die gewürfelten Tomaten und die Prise Zucker zugeben, salzen, pfeffern und etwa 10 Minuten dünsten. Dann die gefüllten Zucchiniblüten sorgsam in die Sauce geben und weitere 10 Minuten auf kleiner Hitze dünsten. Zwei- bis dreimal mit einem Löffel wenden, bis die gefüllten Blüten ganz mit Sauce überzogen sind.

~ Die Zucchiniblüten auf gut vorgewärmten Tellern anrichten und mit etwas Petersilie garnieren.

Pizzettina

Kleine Pizze

20 g	Hefe
100 ml	Wasser
500 g	Weissmehl
4 EL	Milch
50 ml	Olivenöl
1 gehäufter TL	Salz (8 g)
1	Aubergine
	Olivenöl zum Backen
etwas	Mehl für die Arbeitsfläche
1	Zwiebel, in feine Scheiben geschnitten
2	Knoblauchzehen, in feine Scheiben geschnitten
3	reife Tomaten, enthäutet, entkernt und gewürfelt
250 g	Mozzarella, gewürfelt
1 Handvoll	Oreganoblättchen
3 EL	Olivenöl zum Beträufeln
	Salz, Pfeffer

Etwas zum Knabbern als Amuse-bouche oder als kleine Häppchen zwischendurch.

~ Die Hefe im lauwarmen Wasser auflösen. Das Mehl, die Milch, das Olivenöl und Salz beifügen und einen Teig daraus kneten. Mit einem Küchentuch zugedeckt, den Teig an der Wärme etwa 1 Stunde aufgehen lassen. (Je nach Raumtemperatur etwas länger oder weniger lang.)

~ Inzwischen die Aubergine schälen, in 1 cm dicke Scheiben schneiden und diese in einer Bratpfanne in etwas Olivenöl beidseitig hellbraun backen. Aus der Pfanne nehmen und überschüssiges Öl mit Küchenpapier abtupfen. Anschliessend die Auberginenscheiben in Würfel schneiden.

~ Den Backofen auf 180 Grad vorheizen. Ein Back- oder Pizzablech mit Backpapier belegen.

~ Den Teig nochmals zwei- bis dreimal kräftig durchkneten. Anschliessend auf einem mit Mehl bestäubten Teigbrett etwa 1 cm dick ausrollen und sorgfältig auf dem Blech ausbreiten. Zuerst die Zwiebel- und Knoblauchscheiben, dann die Auberginen-, Tomaten- und Mozzarellawürfel darauf verteilen. Mit dem Oregano bestreuen, mit Salz und Pfeffer würzen und etwas Olivenöl darüberträufeln.

~ Die Pizzettina im vorgeheizten Ofen etwa 25 Minuten backen. Aus dem Ofen nehmen und nach Belieben in Stücke oder Häppchen schneiden.

Danias Rat: Falls nicht der ganze Teig verbraucht wurde, kann der Rest etwa einen Tag im Kühlschrank aufbewahrt werden. Anstelle von Auberginen lassen sich auch andere Gemüsesorten – z.B. Broccoli, Kartoffeln, Peperoni (Paprika) oder Rucola (Rauke) – verwenden. Auch der Mozzarella kann zur Abwechslung durch einen anderen gut schmelzenden Käse wie Gorgonzola oder Stracchino ersetzt werden.
Falls Zucchini verwendet werden, können diese mit dem Trüffelhobel hauchfein direkt auf die Pizzettina gehobelt werden.

Torta di patate con tartufo nero

Kartoffelgratin

~ Eine Gratinform ausbuttern und mit einer feinen Schicht Paniermehl sorgfältig ausstreuen.

~ Den Backofen auf 150 Grad vorheizen.

~ Die Kartoffeln schälen, durch das Passiergerät in eine grosse Rührschüssel treiben. Eier, Ricotta, abgeriebene Zitronenschale, Béchamelsauce und den Parmesan zugeben, vermischen und etwas Muskatnuss darüberreiben. Etwas Salz und Pfeffer zugeben und nochmals alles sorgfältig vermengen. (Vorsichtig salzen, da der Parmesan schon recht salzig ist.)

~ Die Masse in die vorbereitete Gratinform füllen und im vorgeheizten Ofen auf mittlerer Höhe etwa 35 Minuten backen.

~ Auf vorgewärmten Tellern anrichten und etwas schwarze Trüffel hauchfein darüberhobeln.

10 g	Butter
4 EL	Paniermehl
6	Kartoffeln, in Salzwasser weichgekocht
3	Eier
250 g	Ricotta
	abgeriebene Schale von 1 Zitrone
50 g	Parmesan, frisch gerieben
3 EL	Béchamelsauce (Grundrezept Seite 134)
etwas	Muskatnuss
10 g	schwarze Trüffel
	Salz, Pfeffer

Danias Rat: Dieser Kartoffelgratin kann auch mit einer feinen Parmesansauce serviert werden, die folgendermassen zubereitet wird:

~Die Béchamelsauce nach dem Grundrezept auf Seite 134 zubereiten. Die Butter auf kleiner Hitze zergehen lassen, 2 Esslöffel Béchamelsauce und den geriebenen Parmesan zufügen und gut vermengen.

~Vier Teller vorwärmen und mit einem Saucenspiegel ausgiessen. Je eine Portion Kartoffelgratin darauf anrichten und mit etwas gehobelter Trüffel darauf servieren.

2 EL	Béchamelsauce (Seite 134)
50 g	Butter
50 g	Parmesan, frisch gerieben

In der Küche der «Chiusa» steht Béchamelsauce natürlich immer fertig zur Verfügung. Falls sie nach dem Grundrezept frisch zubereitet werden muss, eventuell die Menge reduzieren. Ein Rest lässt sich im Kühlschrank zugedeckt zur weiteren Verwendung ein paar Tage lang aufbewahren.

OLIVENÖL – GOTTES

GABE DER NATUR

«Tutto nasce dall olio» ist die Lieblingsaussage von Umberto Lucherini. Er meint damit den Stellenwert des Olivenöls, von dem die Fattoria La Chiusa in der Vergangenheit lebte.

Dieses Öl – und der Fleiss der jeweiligen Besitzer natürlich – war während vieler Generationen die existentielle Grundlage der «Chiusa» . In den Jahrzehnten, als alljährlich 100000 Kilogramm Oliven zu «Olio extra vergine» verarbeitet wurden, wuchs sie zum heutigen imposanten Baukomplex, der auch Ställe und alle nötigen Räumlichkeiten zum Lagern, Mahlen und Pressen der Oliven umfasste. Diese wurden eines Tages im unseligen Jahr 1985 quasi über Nacht einfach überflüssig, als der Frost in den harten Wintertagen mit Temperaturen bis 26 Grad unter Null grosse Teile des Olivenbaumbestandes der Region vernichtete. Zumindest für die nächsten Jahre.

Der Kälteschock von 1985 war allerdings nicht der erste, der die Olivenölproduktion in der Toskana lahmlegte. Schon nach der Kältewelle im Winter 1956 mit 28 Minusgraden während zweier Wochen mussten gut die Hälfte der bis in den Wurzelstock erfrorenen Olivenbäume gefällt werden. Das Holz und vor allem die Wurzeln, so erzählt Umberto, heizten damals mehr als einen Winter lang manche der umliegenden Gehöfte. In den entstandenen Lücken in den Olivenhainen wurden später 500 Jungpflanzen neu angebaut, die sich zu stattlichen Olivenbäumen entwickelt hatten, als der Winter 1985 noch einmal zuschlug, wenn auch weniger hart als 1956. Die erneute Kältewelle aber veränderte auch schlagartig die Existenzgrundlage der «Chiusa».

Seit Umberto Lucherini als Junior der Olivenmühle vorstand, hatte sich die dazugehörende, einst einfache Trattoria unter Danias Führung bereits zum Gourmetlokal gemausert. Als Spross einer Hoteldynastie erkannte er rasch, dass die nun für Jahre nutzlosen Gewerberäume des «Frantoio» – so die italienische Bezeichnung für Ölmühle – als Gästezimmer eine neue Funktion erhalten und die «Chiusa» als Gastronomiebetrieb sogar aufwerten könnten. So wurden die rustikalen Räume der Mühle seit 1985 nach und nach zu individuellen Gästezimmern umgebaut. Im toskanischen Stil zwar, jedoch sehr eigenwillig gestaltet, indem teilweise ursprüngliche Raumpartien und Geräte aus der ehemaligen Mühle als einmalige Kulisse in die eigenwillige Gestaltung der Gästezimmer einbezogen wurden. Teils verfügen sie über Badezimmer, die mit voluminösen Badewannen ausgestattet sind und in denen an kalten Tagen gar ein Kaminfeuer prasselt.

Die Oliven werden nun wie diejenigen vieler anderer Olivenbauern der Gegend in der nahen Mühle in Castelmuzio gemahlen, die noch – wie einst die «Chiusa» – mit ursprünglichen Granitsteinen arbeitet. Sonst aber werden die Olivenhaine der «Chiusa» gehegt und gepflegt wie all die Jahrzehnte zuvor: Rückschnitt nach der Ernte, Hacken im Wurzelbereich, damit die raren Regenfälle zu den Wurzeln gelangen können, Nachschnitt im Frühjahr und Ernte in den späten November- oder frühen Dezembertagen.

Die Olivenernte – ein beinahe mystisches Ritual. Vom Laien kaum erkennbar sind die Bäume wie von einem silbrigen Schein überzogen – für den Olivenbauer das Zeichen für den Erntebeginn. Trocken muss es sein, nicht einmal Nieselregen ertragen die Oliven beim Pflücken, wenn sie keinen Schaden nehmen sollen. Unter den Bäumen wird das Netz mit grosser Sorgfalt ausgebreitet, so dass möglichst keine Früchte verlorengehen. Gepflückt wird von Hand, Frucht um Frucht, manchmal unter Zuhilfenahme eines Pflückkamms, mit dem man sie von den Zweigen streift. An hohen Bäumen werden Leitern angelegt, die Oliven in den um den Leib gehängten Korb gepflückt oder ins Netz gestreift. Allein dieses Pflücken von Hand, ohne Stöcke und Schütteln, garantiert die erstrebte Qualität.

Die Oliven, die je nach Reifegrad noch grün, purpurrot oder schwarz sind, werden in Jutesäcke oder kleine Container gefüllt. Anschliessend werden sie von Hand nachsortiert, Blätter und Stiele entfernt, und zum Transport bereitgestellt, um innerhalb von möglichst kurzer Zeit nach der Lese in die Mühle gebracht zu werden.

Meistens gelangen die Oliven aus der «Chiusa» noch am Pflücktag ins «frantoio» in Castelmuzio. Dort werden sie nach traditioneller Methode in zwei Arbeitsgängen zu «Olio extra vergine» verarbeitet. Zunächst werden sie zwischen den massigen Granitsteinen gemahlen, das heisst zerquetscht. Der aus dem Fruchtfleisch entstehende Brei wird anschliessend auf sogenannte Pressmatten aufgetragen. Diese werden in der hydraulischen Presse aufeinandergetürmt und unter hohem Druck gepresst. Die gewonnene Flüssigkeit wird im selben Arbeitsgang zentrifugiert, wobei das natürlicherweise noch enthaltene Wasser vom Öl geschieden wird. Aus der Zentrifuge fliesst dann in dünnem Strahl das kostbare, kaltgepresste «Olio di oliva extra vergine» in bereitgestellte Behälter. Die Rückstände der Kerne, Stiele und Blätter bleiben in den Pressmatten hängen, die deshalb immer wieder gereinigt und getrocknet werden müssen.

Diese Verarbeitungsweise ist für alle erstklassigen Olivenöle, welche die Bezeichnung «extra vergine» (nach EU-Norm «Natives Olivenöl aus erster kalter Pressung») tragen dürfen, dieselbe. Sie gewährleistet die hohe Qualität, die sich unter anderem daran erkennen lässt, dass dieses Öl in der ersten Zeit nach der Pressung noch trüb ist. Ausserdem «kahlt» es an der Kälte, das heisst, es wird milchig und dickflüssig, was keine Qualitätseinbusse bedeutet und sich bei Erwärmung auch wieder verliert. Weil «Olio extra vergine» nach der Pressung nicht zusätzlich gefiltert wird, setzen sich im Lauf der Zeit kleinste Partikel, die nicht in den Matten hängenblieben, auf dem Flaschenboden ab. Die «neuen» Olivenöle sind übrigens unterschiedlich in der Farbe, die von Gelblich bis Intensivgrün ausfallen kann, aber auch im Geschmack, da diese beiden Komponenten von der Beschaffenheit des Bodens, vom Klima des Anbaugebiets, der Lage

des Olivenhains, dessen Pflege und der Sonneneinstrahlung bestimmt werden, aber auch vom Reifegrad der Früchte.

Diese Umstände sind nie konstant, und so erklärt sich wohl auch das alljährliche fiebrige Warten auf das erste «olio nuovo». Wird es aromatisch und würzig sein (wie dasjenige vergangener Jahre …)? Wird es im Hals kratzen, «pizzica nella gola», denn das soll es ein bisschen? Die erste Bruschetta – geröstetes Brot, mit Knoblauch gewürzt und mit Olivenöl beträufelt –, ohne weitere Umstände im Hof kredenzt und von einem Glas Wein begleitet, ist denn auch in der «Chiusa» jedes Jahr ein mit Ungeduld erwartetes Ereignis und ein Fest!

Eine Anregung für den Hausgebrauch: Am besten schmeckt das «Olio extra vergine» wenn es frisch, «nuovo», ist; es lässt sich an kühler und dunkler Stelle jedoch gut lagern. Weil aber jeder Jahrgang ein neues Abenteuer ist, decken sich Liebhaber in der Regel höchstens mit einem Jahresbedarf auf Vorrat ein. Für die Verwendung in der Küche: Je höher der Gehalt an ungesättigten Fettsäuren, desto hitzeempfindlicher ist Fett. Das Olivenöl extra vergine ist in seiner chemischen Zusammensetzung vorwiegend einfach ungesättigt, das heisst, es hat einen sehr niedrigen Gehalt an Fettsäure (je nach Produkt schwankt er zwischen 0,5 und 1%) und ist gleichermassen für die Verwendung in der kalten Küche wie zum Erhitzen, zum Kochen und Braten, sehr geeignet und gesund.

Z U P

Suppen

Selbst notorische Suppenverweigerer sollten hier eine Ausnahme machen. Denn hier handelt es sich nicht um elegante, hochstilisierte Consommés oder Sahne-süppchen, sondern es wird mit einfachen Zutaten ein kleines bisschen der vergangenen, traditionellen, bäuerlichen Toskana in den Suppenteller gezaubert.

P E

Zuppa di fagioli e farro

Dinkelsuppe mit Bohnen

Für 6 Personen

250 g weisse Bohnen, getrocknet (ersatzweise aus der Dose)
100 g Dinkel
100 ml Olivenöl
2 Karotten, in feine Scheiben geschnitten
1 Selleriestange, in dünne Scheiben geschnitten
1 Zwiebel, fein gehackt
3 reife Tomaten, geviertelt und entkernt
Olivenöl
Salz, Pfeffer

~ Die getrockneten Bohnen in einer Schüssel in reichlich kaltem Wasser über Nacht einweichen.

~ Die abgetropften Bohnen in einer Kasserolle in kaltem Wasser aufsetzen, zum Kochen bringen und gar kochen (ca. 60 Minuten). In ein Sieb schütten. Die Dinkelkörner in einem Kochtopf kalt aufsetzen, zum Kochen bringen, etwa 30 Minuten kochen und dann in ein Sieb schütten.

~ In einer Kasserolle 5 Esslöffel Olivenöl erhitzen. Die gescheibelten Karotten, die Selleriescheiben und die fein gehackte Zwiebel darin unter gelegentlichem Rühren weich dünsten. Die Bohnen beifügen, salzen und pfeffern und weitere 30 Minuten dünsten. Dann die Tomaten zufügen und nochmals 10 Minuten bei kleiner Hitze weiterdünsten. Vom Herd nehmen, durch ein Passiersieb streichen und, falls nötig, etwas Wasser zufügen. Den Dinkel dazugeben, die Kasserolle wieder aufsetzen und alles zusammen nochmals etwa 5 Minuten erhitzen.

~ In vorgewärmten Suppentellern anrichten und mit je einem Spritzer Olivenöl verfeinern.

~ Falls Bohnen aus der Dose verwendet werden, entfällt das Einweichen und Garkochen.

FARINATA DI CAVOLO NERO

Schwarzkohlbrei

400 g	Schwarzkohlblätter
4 EL	Olivenöl
1	weisse Zwiebel, in feine Scheiben geschnitten
100 g	Pancetta (mild gepökelter roher Speck), fein gewürfelt
500 g	Maisgriess
2 l	warmes Wasser
	Olivenöl
	Salz, Pfeffer

Dies ist ein altes toskanisches Gericht, das in meiner Familie häufig zubereitet wurde. Es kann vielfältig variiert werden.

~ Die Kohlblätter waschen, abtropfen lassen und in feine Streifen schneiden.

~ In einer Kasserolle das Olivenöl erhitzen. Die Zwiebelscheiben mit den Speckwürfelchen auf kleiner Hitze darin ein paar Minuten glasig dünsten. Die in Streifen geschnittenen Kohlblätter zugeben und etwa 10 Minuten mitdünsten. Dann den Maisgriess und rund 2 Liter warmes Wasser zugeben und etwa 30 Minuten leise köcheln lassen. Salzen und pfeffern.

~ Die Suppe in vorgewärmten Suppentellern anrichten und mit Olivenöl beträufeln.

Die «Farinata di cavolo nero» ist eher ein Brei als eine Suppe. Falls ein Rest davon übrigbleibt, lässt sich daraus eine Beilage für eine weitere Mahlzeit zubereiten. Dazu den Brei etwa 2 cm dick auf einem Tranchierbrett ausstreichen, etwas trocknen lassen, dann in beliebig grosse Stücke schneiden und diese kurz in Olivenöl braten.

Aus der «Farinata» wird noch ein weiteres, ähnliches Gericht gekocht. Es braucht dazu nebst dem besagten Farinata-Rest dieselbe Menge Polenta. Das Vorgehen ist ähnlich, wie oben beschrieben: Die beiden Massen werden aber abwechselnd aufeinander geschichtet. Also eine Schicht Polenta auf ein Tranchierbrett streichen, die Schicht kurz antrocknen lassen, eine Schicht Farinata daraufgeben und glattstreichen, wieder etwas trocknen lassen und so weiterfahren, bis alles aufgebraucht ist. Kurz ruhen lassen, dann in Stücke schneiden, diese braten, frischen Parmesan darüberreiben, pfeffern und mit einem Spritzer Öl abrunden.

Zuppa di porri e patate

Lauch-Kartoffel-Suppe

~ In einem Kochtopf den Lauch im warmen Olivenöl 10 Minuten dünsten. Die Kartoffeln zufügen, salzen und pfeffern, etwas warmes Wasser beigeben, aufkochen und etwa 10 Minuten köcheln lassen. Von Zeit zu Zeit rühren, damit nichts ansetzt.

~ Dann das Gemüse durch das Passiergerät drehen und die Masse in den Kochtopf zurückgeben. Warmes Wasser zufügen, bis die gewünschte Konsistenz erreicht ist. Abschmecken und mit Salz und Pfeffer nachwürzen.

~ In vorgewärmten Suppentellern anrichten, mit gehackter Petersilie bestreuen und den geriebenen Parmesan dazu reichen.

4	mittelgrosse Lauchstangen, nur die weissen Teile, in dünne Scheiben geschnitten
4 EL	Olivenöl
6	mittelgrosse Kartoffeln, geschält und in dünne Scheiben geschnitten
1 Bund	Petersilie, fein gehackt
2 EL	geriebener Parmesan
	Salz, Pfeffer

Zuppa di lenticchie

Linsensuppe

Für 6 Personen

400 g	getrocknete Linsen
1½ l	Wasser
4	Knoblauchzehen, geschält
1	mittelgrosse Zwiebel, in feine Scheiben geschnitten
10	Salbeiblätter
4 EL	Olivenöl
4	Brotscheiben, in kleine Würfel geschnitten
30 g	Butter
	Salz, Pfeffer

~ Die getrockneten Linsen in einer Kasserolle im Wasser weich kochen. In ein Sieb schütten, das Kochwasser aufbewahren und beiseite stellen.

~ In einem Kochtopf die Knoblauchzehen, die Zwiebelscheiben und die Salbeiblätter im heissen Olivenöl etwa 10 Minuten dünsten. Die gargekochten Linsen beigeben und weitere 10 Minuten mitdünsten. Salzen, pfeffern und das Linsenkochwasser dazugiessen. Wieder aufkochen und nochmals etwa 20 Minuten leise köcheln lassen. Mit Salz und Pfeffer abschmecken und durch das Passiergerät drehen.

~ Falls die Suppe zu dickflüssig ist, noch etwas Linsenkochwasser (oder warmes Wasser) beifügen, bis die Suppe die gewünschte Konsistenz hat.

~ Die Brotwürfelchen in einer Bratpfanne oder im Backofen in der Butter hellbraun rösten. Die Suppe nochmals erwärmen und in vorgewärmten Suppentellern oder einer Suppenschüssel anrichten. Die gerösteten Brotwürfelchen darüberstreuen.

Pappa col pomodoro

Tomatenmus

800 g	Tomaten, enthäutet, entkernt und gewürfelt
300 g	altbackenes Schwarzbrot, in kleine Stücke gebrochen
50 ml	Olivenöl
1 Bund	Basilikum, fein geschnitten
4	Knoblauchzehen
150 ml	Wasser
1	Ei
	Salz, Pfeffer

~ Alle Zutaten bis auf das Ei zusammen in einem Kochtopf aufsetzen, salzen und pfeffern und etwa 30 Minuten bei mittlerer Hitze kochen lassen. Die Knoblauchzehen herausnehmen. Das Ei mit dem Schwingbesen unter kräftigem Rühren darunterziehen.

Bei diesem Rezept handelt es sich um eine leicht abgewandelte Version eines Gerichts, das in den toskanischen Bauernhäusern seit Generationen auf dem Holzherd zubereitet wurde.

Zuppa di lenticchie

PASTA – DER HIMM

SCHE GENUSS

Im «Pastificio», wo Danias köstliche Teigwaren täglich frisch zubereitet werden, führt Navina das Zepter. Sie wohnt im Städtchen Montefollonico, wie Piera, die frühere Herrin über die Teigwarenproduktion, die heute im Ruhestand ist, und wie Bonella, die trotz ihres Alters immer noch nicht müde ist, ab und zu das Rollen der Pici, der handgemachten Spaghetti, zu demonstrieren. Eine Meisterleistung der Bewegungskoordination. Da Pici in letzter Zeit auch als Frischprodukte maschinell hergestellt und verkauft werden, droht diese Fertigkeit auszusterben und ist je länger, desto seltener anzutreffen. Ein Grund mehr, Bonella beim virtuos ausgeübten Handwerk zuzuschauen – und vielmehr noch ein Grund, die in der «Chiusa» noch im-

mer hausgemachten Pici zu kosten und zu geniessen. Denn die fertig gekauften lassen sich mit diesen an Geschmeidigkeit und Konsistenz nun wahrhaftig niemals messen.

Navina versteht ihr Handwerk ebensogut wie ihre Vorgängerin. Auch bei ihr fällt der Nudelteig für die schmalen oder breiten Nudeln, die Tagliatelle, oder die ganz breiten, die Pappardelle, und für Ravioli in immer gleichbleibender, papierdünner Durchsichtigkeit aus – unter anderem natürlich die Voraussetzung dafür, dass Danias Teigwarengerichte zur unveränderten Gaumenfreude geraten.

Während die bei Dania beschäftigten Frauen aus Montefollonico die gleichbleibende Qualität des Teiges garantieren, probiert Dania – neben den stets verlangten, sozusagen klassischen «Chiusa»-Pastasaucen – auch immer wieder einmal neue Versionen von Teigwarensaucen aus. Mit den «Fave», einer sehr früh reifenden Bohnensorte mit zart hellgrünen Kernen, ist ihr ein neuer Frühlingshit gelungen: Kombiniert mit grünen Spargelspitzen, ein Geschmackspotpourri von ausserordentlicher Güte!

Zu einem kreativen Höhenflug auf dem Gebiet der Pastateige wurde sie übrigens im vergangenen Sommer von der buchstäblichen Zucchiniblütenschwemme inspiriert. Sie blanchierte die intensivgelben Blüten mit ihrem noch sehr zarten Zucchiniaroma, schnitt sie in feine Streifen und mischte sie unter den üblichen Nudelteig. Das Resultat: Zauberhaft aussehende und delikat schmeckende Nudeln – allerdings nur dann auf der Speisekarte, wenn der Garten mehr Blüten hergibt, als täglich für die köstlichen gefüllten Zucchiniblüten verbraucht werden.

Wer sich nicht nur zu den Teigwarensaucen, sondern auch zu selbstgemachten Teigwaren inspiriert fühlt, sollte folgendes beachten: Es empfiehlt sich, sogenannten Hartweizendunst, ein spezielles Hartweizenmehl, dazu zu verwenden. Dieses enthält mehr Kleber (Getreideeiweiss) als Weichweizenmehl, was eine gute Kochfestigkeit gewährleistet. Hartweizendunst ist eine Spur gröber als Mehl und wird als «feinkörnig» oder «griffig» bezeichnet.

Die korrekte Zubereitung eines Grundteiges für Teigwaren finden Sie auf Seite 135. Pro Person braucht man 75 g Mehl oder Hartweizendunst, 1 Ei, etwas Olivenöl und Salz. Der Grundteig für Pici, dem etwas Wasser beigemischt wird, ist im «Fave»-Rezept auf Seite 48 beschrieben.

Dass es absolut unverzichtbar ist, den Garprozess von Teigwaren aufmerksam zu verfolgen, wissen Sie. Nichts würde in einem italienischen Haushalt mehr verdriessen, als verkochte Teigwaren serviert zu bekommen! Es gibt nur eine Massnahme: Neben dem wallend brodelnden Teigwarensud am Herd zu stehen und immer wieder eine Garpobe zu machen. Erstens sind die Garzeiten für frische Eierteigwaren in der Regel verschwindend kurz (zwischen zwei und fünf Minuten), und zweitens ist auch bei getrockneten Teigwaren auf die auf der Packung angegebene Garzeit nur bedingt Verlass.

P R I M I

Pasta und Risotto

Danias «Primi» offenbaren schon einiges von ihrem subtilen Kochverständnis. Es sind die Gerichte, die hier landauf, landab täglich mindestens einmal nach den überlieferten Rezepten auf den Tisch kommen. Bei Dania allerdings als Teigwaren vom Feinsten oder Risotti mit ungewohnten Zutaten, die traditionell zu den weiteren Köstlichkeiten führen.

P I A T T I

Pappardelle bianche «Dania»

Weisse Bandnudeln an Danias pikanter Sauce

1 Rezeptmenge	Nudelteig (nach Grundrezept Seite 135)
	Für die Sauce:
500 g	Tomaten aus der Dose
5 EL	Olivenöl
5	Knoblauchzehen, geschält zerstossen
1 Sträusschen	Basilikum
1 Prise	Salz
	Olivenöl
1 Sträusschen	Petersilie, fein gehackt
1 gehäufter EL	Parmesan, frisch gerieben
1 gehäufter EL	Pecorino «stagionato» (gut gereift), frisch gerieben
	Salz, Pfeffer
4–5 l	Wasser
1 TL	Salz

~ Den Nudelteig gemäss Grundrezept Seite 135 zubereiten. Den Teig auf dem mit Mehl bestäubten Teigbrett so dünn wie möglich ausrollen und in gleichmässige, etwa 3 cm breite Streifen schneiden.

~ Für die Sauce die Tomaten zusammen mit dem Öl in einer Kasserolle bei kleiner Hitze etwa 10 Minuten dünsten. Salzen, pfeffern, den Knoblauch zufügen und weitere 20 Minuten dünsten. Sollte die Sauce zu dickflüssig sein, mit etwas kochendem Wasser verdünnen.

~ Inzwischen den Basilikum zusammen mit einer Prise Salz und ein paar Tropfen Öl im Mörser zu einer Paste zerstossen.

~ Die Pappardelle in reichlich Wasser «al dente» kochen, durch ein Sieb abgiessen, zur Tomatensauce geben und ein paar Minuten darin schwenken. Dann die Basilikumpaste, die Petersilie und die geriebenen Käse darunterziehen.

~ Auf vorgewärmten Tellern anrichten und sofort servieren. Wer möchte, kann das Gericht noch zusätzlich mit fein gehackter Petersilie aromatisieren.

Conchigliette con cipolla fresca e piccoli zucchini

Teigwarenmüschelchen mit Frühlingszwiebeln und jungen Zucchini

~ In einer Sauteuse das Olivenöl erhitzen. Die Zwiebeln und Knoblauchzehen darin dünsten, bis sie etwas Farbe angenommen haben. Von Zeit zu Zeit löffelweise warmes Wasser zugeben, damit sie nicht anbrennen. Dies dürfte etwa 10 Minuten dauern.

~ Nun die Knoblauchzehen entfernen und die Zucchinischeiben, die Thymian-, Majoran- und Basilikumblättchen zugeben und weitere 5 Minuten leise köcheln lassen. Mit Salz und Pfeffer würzen und abschmecken.

~ Inzwischen die Teigwaren in reichlich Salzwasser wallend «al dente» kochen. In ein Sieb abgiessen, kurz abtropfen lassen, zur Gemüsesauce geben und sorgfältig damit vermengen.

~ Auf vorgewärmten Tellern anrichten und geriebenen Parmesan darüberstreuen. Zuletzt nochmals etwas Pfeffer aus der Mühle darübermahlen und sofort servieren.

4 EL	Olivenöl extra vergine
4	Frühlingszwiebeln, in dünne Scheiben geschnitten
4	Knoblauchzehen, geschält
ca. 100 ml	warmes Wasser
6	kleine, frische Zucchini, in dünne Scheiben geschnitten oder gehobelt
1 Zweiglein	frischer Thymian (oder 1 gute Prise getrockneter Thymian)
10	Majoranblätter
10	Basilikumblätter
	Salz, Pfeffer
250 g	Teigwaren (Müschelchen)
1–2 EL	Parmesan, frisch gerieben

Rigatoni con melanzane e basilico ai profumi di primavera

Rigatoni mit Auberginen und Basilikum

1	grosse, möglichst runde Aubergine
250 g	Rigatoni
4 EL	Olivenöl
2	Frühlingszwiebeln, in feine Streifen geschnitten
4	Knoblauchzehen, geschält
2	reife Tomaten, enthäutet, entkernt und gewürfelt
15	Basilikumblätter
1–2 EL	Parmesan, frisch gerieben
1 EL	Petersilie, fein gehackt
	Salz, Pfeffer

~ Die Aubergine schälen und in etwa ½ cm dicke Scheiben schneiden. Ein Sieb über eine Schüssel hängen, die Auberginenscheiben hineinschichten, mit reichlich grobem Meersalz bestreuen und beschweren. Etwa 2 Stunden ruhen lassen. Danach die Auberginenscheiben unter kaltem Wasser gut abspülen, trockentupfen und in Würfel schneiden.

~ Die Teigwaren «al dente» kochen.

~ Inzwischen in einer grossen Sauteuse das Öl erhitzen. Die Zwiebeln und die Auberginenwürfel zugeben, etwa 5 Minuten dünsten, herausnehmen und beiseite stellen.

~ Im selben Öl die Knoblauchzehen hellgelb dünsten, dann entfernen. Die Tomatenwürfel beigeben, salzen und pfeffern und etwa 10 Minuten dünsten. Die Auberginen wieder zugeben, die Basilikumblätter beifügen, alles gut vermengen und nochmals 5 Minuten köcheln lassen.

~ Die gekochten Teigwaren abschütten, zur Sauce geben und darin schwenken. Auf vorgewärmten Tellern anrichten. Den Parmesan darübergeben und mit der Petersilie bestreuen.

Ravioli al tartufo nero

Ravioli mit schwarzer Trüffel

~ Den Teig, wie auf Seite 135 beschrieben, zubereiten. Auf einer bemehlten Arbeitsfläche ausrollen.

~ Für die Füllung die Ricotta mit einer Gabel zerdrücken, mit dem Ei, dem geriebenen Parmesan und der fein gehackten Petersilie gut vermischen. Mit Salz, Pfeffer und etwas Muskatnuss würzen. Die Masse in einen Spritzsack füllen.

~ Aus dem Teig 20 bis 24 Rondellen von etwa 6 cm Durchmesser ausstechen. Auf die Hälfte davon mit dem Spritzsack je ein Häufchen Füllung geben. Die Teigränder mit Wasser befeuchten, die restlichen Teigrondellen darüberlegen und mit den Fingern dem Rand entlang gut andrücken, damit die Füllung beim Kochen nicht herausläuft.

~ In einem grossen Kochtopf 4 bis 5 Liter Wasser zum Kochen bringen und salzen. Die Ravioli sorgfältig hineingeben und wenige Minuten wallend kochen. Sobald die Ravioli an die Oberfläche steigen, eine Garprobe machen. Anschliessend die Ravioli einzeln mit dem Schaumlöffel aus dem Wasser heben, abtropfen lassen und auf vorgewärmten Tellern anrichten.

~ Die Butter in einem Pfännchen im Wasserbad zergehen lassen und über die Ravioli verteilen. Mit dem Parmesan bestreuen und mit einem Trüffelhobel hauchdünne Scheiben Trüffel darüberhobeln. Zum Schluss mit Pfeffer aus der Mühle würzen.

1 Rezeptmenge	Nudelteig (nach Grundrezept Seite 135)
	Für die Füllung:
200 g	Ricotta
1	Ei
1–2 EL	Parmesan, frisch gerieben
1 Zweig	Petersilie, fein gehackt
1 Prise	Muskatnuss
	Salz, Pfeffer
50 g	Butter
50 g	Parmesan, frisch gerieben
1	schwarze Trüffel

Pici alle fave e asparagi

Handgerollte Spaghetti an Bohnen-Spargel-Sauce

	Für den Teig:
250 g	Weizenmehl
150 ml	Wasser
2 EL	Olivenöl
1	Ei
1 TL	Salz
	Für die Sauce:
ca. 30 Stangen	grüner Spargel (es werden nur die zarten Spitzen verwendet)
1 Prise	Zucker
etwas	Butter
4	Knoblauchzehen, fein gehackt
4 EL	Olivenöl extra vergine
1½ kg	frische Fave (oder 1 400-g-Dose Knüllbohnen oder Fave, ohne Saft)
2	mittelgrosse Tomaten, geschält, entkernt und in kleine Stücke geschnitten
6	Basilikumblätter, in feine Streifen geschnitten
1	getrockneter Peperoncino, zerkrümelt
60 g	Parmesan, gerieben
	Salz, Pfeffer

Handgerollte Pici sind eine Spezialität der Region des Chianatales und in dieser Qualität kaum andernorts erhältlich. Sie sehen aus wie etwas dickere, unregelmässige Spaghetti, bestehen aber aus einem anderen Grundteig. Im Chianatal verstand sich früher jede Frau auf das nicht ganz einfache Rollen der Pici – eine Fertigkeit, die verlorenzugehen droht, da diese Teigwaren inzwischen auch maschinell hergestellt und in Lebensmittelgeschäften angeboten werden. Mit den echten, von Hand gerollten Pici – wie sie notabene in der «Chiusa» noch hergestellt werden – sind die maschinell produzierten jedoch nicht zu vergleichen. Hier das Rezept für alle, die sich an diese typisch toskanische Teigwarenvariante wagen wollen.

Fave, eine Bohnensorte, die bei uns kaum bekannt ist, sind die ersten Bohnen, die im Frühjahr geerntet werden können. Sie sind von einmalig zartgrüner Farbe. Ihr Merkmal ist eine grosse, dicke, innen pelzige Schote, aus welcher die Kerne herausgelöst werden müssen. Damit sie ihre zartgrüne Farbe auch während des Kochprozesses behalten, werden diese Kerne ebenfalls geschält. Bei uns sind sie als «Knüllbohnen» oder «Fave» in Dosen erhältlich; Schälen ist bei diesen nicht nötig.

~ Das Mehl im Sturz auf ein grosses Teigbrett schütten. In der Mitte eine Vertiefung formen, Wasser, Öl, Ei und Salz hineingeben. Mit einer Gabel alles rasch von der Mitte aus mit dem Mehl verrühren und zu einem glatten Teig kneten.

~ Den Teig auf einem gut bemehlten Teigbrett rechteckig etwa 3 cm dick und 40 cm lang ausrollen. In Streifen von 1 cm Breite schneiden. Jeden Streifen mit einer Hand an einem Ende festhalten und mit der anderen Hand das andere Ende in raschen Hinundherbewegungen zu einem möglichst gleichmässigen, dünnen, langen Spaghettistrang rollen.

~ Die Pici auf ein mit Griess bestreutes Teigbrett legen, mit reichlich Hartweizengriess bestreuen (damit sie nicht am Brett und auch nicht aneinander festkleben) und an kühler Stelle trocknen lassen.

~ Die Pici in reichlich Salzwasser «al dente» kochen und anschliessend durch ein Sieb abgiessen.

~ Inzwischen für die Sauce die Spargelstangen waschen, die untere Stielpartie grosszügig wegschneiden. In einem Kochtopf etwa 1 Liter Wasser zum Kochen bringen, salzen, 1 Prise Zucker und ein haselnussgrosses Stücklein Butter zugeben. Darin die Spargelspitzen al dente kochen. Herausnehmen und beiseite stellen. Das Spargelkochwasser zur Weiterverwendung für die Sauce beiseite stellen. (Die Spargelstangenreste und verbleibendes Kochwasser zu einer Suppe weiterverwenden.)

~ Den Knoblauch in einer Sauteuse in etwa 2 Esslöffeln Olivenöl andünsten. Die geschälten Bohnenkerne und die Spargelspitzen zufügen und etwa 10 Minuten dünsten. (Bei Dosenbohnen genügen 4–5 Minuten.) Gelegentlich rühren und fortwährend löffelweise Spargelkochwasser zufügen und einkochen lassen. Dann die Tomaten, das Basilikum und den Peperoncino zufügen. Alles vorsichtig mischen, mit Salz und Pfeffer aus der Mühle würzen. Die «al dente» gekochten Pici zur Sauce geben, vorsichtig darin wenden und auf vorgewärmten Tellern anrichten.

Anstelle von Pici können auch andere Eierteigwaren verwendet werden. Es sollte eine Sorte sein, an der die aromatische Sauce gut haften kann, zum Beispiel breite Eiernudeln, sogenannte Pappardelle.

Gnocchi di funghi porcini

Steinpilzgnocchi

4 möglichst grosse Steinpilze (ca. 400 g)
50 g Butter
2 Knoblauchzehen
1 kg Kartoffeln, in der Schale gekocht, geschält und in Scheiben geschnitten
2 Eier
300 g Weissmehl
4 EL Parmesan, gerieben
Salz, Pfeffer

~ Die Steinpilze putzen und in feine Scheiben schneiden.

~ Die Hälfte der Butter in einem Kochtopf erhitzen. Die Knoblauchzehen darin hellgelb rösten und danach entfernen. Die Steinpilze zugeben, salzen und dünsten, bis ihre Flüssigkeit verdampft ist.

~ Inzwischen die Kartoffeln durch das Passiergerät drehen und auf ein bemehltes Teigbrett geben. Mit den Eiern, dem Mehl und den Pilzen zu einem Teig kneten. Aus diesem etwa 30 cm lange Rollen von 4 cm Durchmesser formen. Mit einem Küchenmesser in etwa 2 cm dicke Scheiben schneiden und diese im Mehl wenden, so dass sie nicht verkleben.

~ In einem grossen Kochtopf Wasser zum Kochen bringen, salzen und die Gnocchi darin garen. Sobald sie zur Oberfläche steigen, mit dem Schaumlöffel herausheben und abtropfen lassen.

~ Die restliche Butter auf kleiner Hitze erwärmen. Die Gnocchi auf vorgewärmten Tellern anrichten. Mit der flüssigen Butter beträufeln und mit dem geriebenen Parmesan bestreuen.

Die Gnocchi können auch (wie auf dem Bild) mit kurz in Butter gedünsteten Steinpilzen angerichtet werden.

Risotto al Vino Nobile o Brunello

Rotweinrisotto

1½ l	Wasser
50 g	Butter
1	kleine Zwiebel, fein geschnitten
250 g	Arborio- oder Vialone-Reise «superfino»
300 ml	Vino Nobile oder Brunello
1–2 EL	Parmesan, frisch gerieben
	Salz, Pfeffer

~ Das Wasser zum Kochen bringen und auf dem Siedepunkt halten.

~ In einer Kasserolle die Butter zergehen lassen, die Zwiebel darin 3 Minuten dünsten. Den Reis beifügen, in 3 Minuten glasig werden lassen. Dann den Wein dazugiessen, einkochen lassen, salzen und pfeffern. Bei mittlerer Hitze unter stetigem Rühren fortlaufend etwas kochendes Wasser zugeben, bis der Reis «al dente» ist (in etwa 20 Minuten). Vom Herd nehmen, abschmecken und mit einer Gabel den geriebenen Parmesan darunterziehen.

~ Auf vorgewärmten Tellern anrichten und sofort servieren.

Beim Vino Nobile di Montepulciano und Brunello di Montalcino handelt es sich um zwei spezielle Rotweine von hoher Qualität aus der südlichen Toskana.

Risotto del orto

Frühlingsrisotto

~ In einem Kochtopf 3 Liter Wasser mit den geviertelten Zucchini, den Mangoldblättern und Spargelstangen aufkochen, salzen und 20 Minuten bei mittlerer Hitze kochen. Diese Gemüsebrühe dient als Flüssigkeitszugabe für die Zubereitung des Risottos. Sie muss ständig knapp auf dem Siedepunkt gehalten werden.

~ In einem Kochtopf die Butter erhitzen und die Zwiebel darin 3 Minuten dünsten. Alle Gemüse beifügen und auf kleiner Hitze mitdünsten. Nach 10 Minuten den Reis zugeben und unter Rühren glasig werden lassen. Nach und nach unter fortwährendem Rühren den Gemüsesud zugeben und jeweils einkochen lassen. Nach ungefähr 20 Minuten auch die gehackten Kräuter zugeben.

~ Wenn der Reis «al dente» ist, vom Herd nehmen, abschmecken und mit einer Gabel den geriebenen Parmesan darunterziehen. Auf vorgewärmten Tellern anrichten und etwas Parmesan darüberstreuen.

Für den Gemüsesud:

2	kleine Zucchini, geviertelt
2	Mangoldblätter
10	grüne Spargelstangen, geschält (ohne Spitzen, diese werden im Risotto verwendet)
	Salz

50 g	Butter
1	Zwiebel, fein gehackt
1	kleiner Zucchino, fein gewürfelt
4	Zucchiniblüten, nur die Blütenblätter fein geschnitten
4	zarte Spinatblätter, in feine Streifen geschnitten
2 Blätter	Cicorino rosso, fein geschnitten
10	grüne Spargelspitzen
250 g	Arborio- oder Vialone-Reis
10	Baldrianblätter, fein gehackt
10	Basilikumblätter, fein geschnitten
10 Halme	Schnittlauch, fein geschnitten
1–2 EL	Parmesan, frisch gerieben
	weisser Pfeffer, Salz

Risotto allo zafferano e carciofi

Safranrisotto mit Artischocken

6	Artischocken, geputzt und in feine Scheiben geschnitten
	Saft von ½ Zitrone
3 EL	Olivenöl
2	Knoblauchzehen, geschält
100 ml	warmes Wasser
1 l	Gemüsebrühe
50 g	Butter
1	kleine Zwiebel, in Scheiben geschnitten
250 g	Reis (Avorio Superfino oder Carnaroli)
1 Prise	Safranfäden oder 1 Beutel Safranpulver
50 g	Parmesan, gerieben
1 Sträusschen	Petersilie, fein gehackt
	Salz, Pfeffer aus der Mühle

~ Die äusseren Blätter der Artischocken abzupfen und die Stiele wegschneiden. In einer kleinen Schüssel etwas kaltes Wasser mit dem Zitronensaft bereitstellen. Die Artischocken halbieren, das Heu entfernen und die Hälften in feine Scheiben schneiden. Jeweils sofort ins Zitronenwasser geben, damit sie nicht schwarz anlaufen.

~ Das Öl in einer Sauteuse erhitzen. Die Knoblauchzehen darin Farbe annehmen lassen und wieder entfernen. Die Artischocken zugeben, salzen und pfeffern und etwa 10 Minuten unter Beigabe von etwas warmem Wasser dünsten.

~ In einer Kasserolle die Gemüsebrühe aufkochen und knapp auf dem Siedepunkt halten.

~ Die Butter und die Zwiebelscheiben in einem Kochtopf erhitzen, den Reis zugeben, salzen und pfeffern, mit etwas Brühe ablöschen und unter fortwährendem Rühren und weiterer Zugabe von Brühe in etwa 15 Minuten gar kochen.

~ Inzwischen das Safranpulver in etwas Brühe auflösen, einrühren und 5 Minuten weiterköcheln lassen. (Falls Safranfäden verwendet werden, diese in 2 Esslöffel Gemüsebrühe streuen, 5 Minuten ziehen lassen, dann durch ein feines Haarsieb abgiessen, die Flüssigkeit mit dem Reis vermengen.)

~ Den Risotto vom Feuer nehmen und den geriebenen Parmesan darunterziehen. Den Risotto auf eine vorgewärmte Servierplatte geben und die gedünsteten Artischocken darauf verteilen. Mit der gehackten Petersilie garnieren.

PESCE E FRU

FISCH UND MEERESFRÜCHTE

Fischgerichte findet man in der Regel nicht auf der Speisekarte der «Chiusa». Sie werden dann empfohlen, wenn Fisch frisch auf dem Markt erworben und ebenso frisch zubereitet werden konnte. Diese Gerichte führen den Gast an die etruskische Küste zur kulinarischen Hinterlassenschaft von Danias Grossmutter Ada und in die Küche ihrer Mama Lidia.

TTI DI MARE

Cozze ripiene della nonna Ada

Gefüllte Miesmuscheln nach der Art von Grossmutter Ada

24 grosse Miesmuscheln
400 g Kalbfleisch, gehackt
1 Knoblauchzehe, fein gehackt
2 EL Petersilie, gehackt
1 Ei
50 g altbackenes Brot, in Milch eingeweicht und abgetropft
etwas Muskatnuss
50 g Parmesan, frisch gerieben
abgeriebene Schale von ½ Zitrone
Salz, Pfeffer aus der Mühle

Für die Sauce:
2 mittelgrosse Zwiebeln, gehackt
100 ml Olivenöl
500 g reife Tomaten, enthäutet, entkernt und gewürfelt (oder 400 g Pelati aus der Dose)
Salz

Im Landesinneren der Toskana sind frische Fische und Meeresfrüchte erst eine Selbstverständlichkeit, seit sie tiefgekühlt transportiert werden können. An der Küste kamen sie natürlich auch früher praktisch täglich auf den Tisch. So auch bei Danias Grosseltern und Eltern, die lange in Viareggio, Piombino und Castiglioncello lebten. Danias Grossmutter Ada hat das folgende Rezept hinterlassen.

~ Die Muscheln unter fliessendem kaltem Wasser gründlich abbürsten und dabei eventuell anhaftende Kalkablagerungen abkratzen. Alle Muscheln, die nicht fest geschlossen sind, wegwerfen. Den Bart entfernen und die Muscheln mit einem kleinen, soliden Messer öffnen. Die Muschelhälften mit dem Muschelfleisch kurz abspülen, damit keine Schalenreste zurückbleiben, und zum Füllen bereithalten. Die leeren Schalenhälften wegwerfen.

~ Für die Füllung in einer grossen Rührschüssel das Kalbfleisch mit dem Knoblauch, der gehackten Petersilie, dem Ei, dem eingeweichten Brot, der abgeriebenen Zitronenschale, etwas Muskatnuss, dem Parmesan sowie Salz und Pfeffer gut vermengen. (Das geschieht am besten mit den Händen!) Abschmecken, eventuell nachwürzen und nochmals gut durchkneten.

~ Von dieser Masse mit einem Esslöffel kleine Portionen auf jede Muschel geben.

~ Für die Sauce die fein gehackten Zwiebeln in einer Sauteuse im Olivenöl goldgelb anziehen lassen. Dann die Tomaten zugeben, salzen und etwa 10 Minuten köcheln lassen.

~ Die vorbereiteten Muscheln sorgsam hineinlegen und zugedeckt in der Sauce garen. Von Zeit zu Zeit die Muscheln mit der Tomatensauce beträufeln. Nach 6 bis 8 Minuten vom Feuer nehmen, auf vorgewärmte Teller anrichten und mit der restlichen Sauce überziehen.

Zuppa di testa di pesce della Mamma Lidia

Fischsuppe nach Mama Lidias Art

2	Karotten
2	Selleriestengel
2	mittelgrosse Zwiebeln
100 ml	Olivenöl
4	reife Tomaten, enthäutet, entkernt und gewürfelt
4	Fischköpfe, z.B. von Wolfsbarsch, Brasse
1 Sträusschen	Majoran
200 ml	Weisswein
1 l	kochendes Wasser
	Salz, Pfeffer
100 g	feine Eiernudeln

Dieses Rezept empfiehlt sich, wenn öfter Gerichte aus frischen Fischen zubereitet werden. Dann werden die Fischköpfe nicht weggeworfen, sondern für eine ausgezeichnete Suppe verwendet. So hat es Dania von ihrer Mutter Lidia gelernt.

~ Die Fischköpfe unter fliessendem kaltem Wasser gründlich waschen und die Kiemen entfernen. Auf einem Teller beiseite stellen.

~ Die Karotten, Selleriestengel und Zwiebeln im Cutter zerkleinern. In einer Sauteuse das Olivenöl erhitzen, das Gemüse hineingeben und unter stetem Rühren, so dass es nicht ansetzt, 15 Minuten dünsten. Die Tomaten zugeben und nochmals 5 Minuten köcheln lassen. Nun die Fischköpfe beifügen und 15 Minuten in der Sauce köcheln lassen.

~ Den Majoran zugeben, salzen, pfeffern und mit dem Weisswein ablöschen. Den Alkohol verdunsten lassen, das heisse Wasser zufügen, aufkochen und alles nochmals etwa 30 Minuten köcheln lassen. Dann durch ein Sieb seihen. Falls die Suppe zu dickflüssig ist, vor dem Abseihen nochmals etwas heisses Wasser zufügen. Die Suppe sollte allerdings nicht dünnflüssig sein!

~ Die Suppe in einer Kasserolle nochmals aufkochen. Sobald sie zu kochen beginnt, die Nüdelchen zugeben und darin garen (je nach Qualität 2 bis 5 Minuten).

Anstelle von Nüdelchen gibt Dania manchmal auch Brotscheiben in diese Suppe, die sie mit dem Messer in ihre legendäre Herzform schneidet. Es kann natürlich auch eine einfache Brotscheibe sein! Beidseitig mit etwas Knoblauch einreiben. Die Brotscheiben in den Suppenteller geben und die Fischsuppe darüber anrichten.

Carciofi di mare

Artischocken, mit Meeresfrüchten gefüllt

- 8 grosse Artischocken, italienische Sorte
- Saft von 1 Zitrone
- 50 ml Olivenöl
- 2 Knoblauchzehen, geschält
- 20 Miesmuscheln, geputzt
- 12 Crevetten (Garnelen)
- 8 Scampi
- 4 kleine Tintenfische (Calamaretti)
- 2 mittlere Zucchini
- 100 ml Weisswein
- 4 EL Olivenöl
- abgeriebene Schale von 1 Zitrone
- Salz, Pfeffer

~ In einer kleinen Schüssel etwas kaltes Wasser mit dem Zitronensaft bereitstellen. Die äusseren Blätter der Artischocken abzupfen und die Stiele wegschneiden. Das oberste Drittel der Artischocken wegschneiden, das Heu entfernen und die ausgehöhlten Artischocken sofort ins Zitronenwasser legen, damit sie nicht schwarz anlaufen.

~ In einer Sauteuse 2 Esslöffel Olivenöl mit den Knoblauchzehen erhitzen, diese Farbe annehmen lassen und nach etwa 5 Minuten entfernen. Die Artischocken mit der Öffnung nach unten hineingeben, etwas Wasser zufügen, und zugedeckt etwa 10 Minuten garen. (Die Garzeit hängt von der Qualität und Sorte der Artischocken ab. Sie sind gar, wenn sich die äusseren Blätter leicht vom Boden lösen lassen.)

~ Die Artischocken herausheben und warm halten. Das restliche Öl in die Kasserolle geben und für das Dünsten der Meeresfrüchte bereithalten.

~ Zuerst die Miesmuscheln in eine leere Kasserolle geben, zudecken und erhitzen. Nach wenigen Minuten den Deckel entfernen und die Muscheln, die sich nicht geöffnet haben, wegwerfen; sie sind verdorben. Die geöffneten Muscheln aus den Schalen lösen und zerschneiden.

~ Die Crevetten und Scampi aus den Schalen lösen. Unter fliessendem kaltem Wasser abspülen und den dunklen Darmstrang entfernen. Die Tintenfische abspülen. Ihre Fangarme so abschneiden, dass sie noch durch einen schmalen

Ring verbunden sind. Den Körperbeutel vorsichtig aufschneiden und das Fischbein und die Eingeweide samt dem Tintenbeutel herauslösen. Körperbeutel und Fangarme nochmals gründlich waschen und dann in kleine Stücke schneiden.

~ Die Zucchini waschen, vierteln und ungeschält in Juliennestreifen schneiden.

~ Das beiseitegestellte Olivenöl in der Sauteuse wieder erhitzen. Zuerst die Miesmuscheln, nach zwei Minuten die Scampi, danach die Crevetten und zuletzt die Tintenfische zugeben und kurz glasig dünsten. Mit Salz und Pfeffer aus der Mühle würzen. Mit dem Weisswein ablöschen, den Alkohol verdunsten lassen. Vom Feuer nehmen.

~ Die Zucchinistreifen auf vier flache Teller verteilen. Die Artischocken daraufsetzen und mit den gedünsteten Meeresfrüchten füllen. Mit dem Saft von den Meeresfrüchten und je einem Teelöffel Olivenöl beträufeln. Nicht zu sparsam abgeriebene Zitronenschale darüberstreuen (und wenn's gefällt auch den Tellerrand damit dekorieren).

Minestra di fagioli e pescatrice

Bohnensuppe mit Fisch

2	mittelgrosse Karotten
1	Zwiebel
2 Stengel	Staudensellerie
60 ml	Olivenöl
3	reife Tomaten, enthäutet, entkernt und gewürfelt
500 g	frische weisse Bohnen (Cannellini) (ausserhalb der Saison können auch getrocknete Bohnen oder Cannellini aus der Dose verwendet werden)
1	Zwiebel, in Scheiben geschnitten
2	Knoblauchzehen, fein gehackt
600–700 g	Seeteufelfilet (Baudroie)
⅛ l	Weisswein
1	getrockneter Peperoncino, zerkrümelt

~ Das Gemüse waschen, in Stücke schneiden und im Cutter zerkleinern. Die Hälfte des Olivenöls in einem Kochtopf erhitzen. Das zerkleinerte Gemüse zugeben und 15 Minuten unter gelegentlichem Rühren dünsten. Dann die Tomaten und nach weiteren 5 Minuten die Bohnen zufügen und etwa 30 Minuten köcheln lassen. Nach und nach löffelweise mit lauwarmem Wasser zu einer Suppe verdünnen.

~ In einem weiteren Kochtopf die Zwiebelscheiben und den Knoblauch in etwas Olivenöl andünsten. Das Fischfilet zugeben und 15 Minuten mitdünsten. Den Fisch herausnehmen und auf einem Schneidbrett etwas auskühlen lassen. Den Kochtopf wieder aufs Feuer geben, den Bodensatz mit dem Weisswein ablöschen und zur Suppe giessen.

~ Den ausgekühlten Fisch in kleine Stücke schneiden und mit dem zerkrümelten Peperoncino ebenfalls zur Suppe geben. Nochmals 10 Minuten köcheln lassen. In einer vorgewärmten Suppenterrine oder in Suppentellern anrichten. Ein paar Tropfen Olivenöl darübergeben und heiss servieren.

Scampi con zucchini e carciofi

Riesenscampi mit Zucchini und Artischockenblättern

4	Artischocken
	Saft von ½ Zitrone
12–16	Scampi
3 EL	Olivenöl
3	Knoblauchzehen, geschält
10 g	Butter
2	möglichst kleine Zucchini, gewaschen, in feine Scheiben geschnitten
10	Basilikumblätter, fein gehackt
50 ml	Brandy
1 Zweiglein	Oregano, fein gehackt
	Salz, weisser Pfeffer

~ In einer kleinen Schüssel etwas kaltes Wasser mit dem Zitronensaft bereitstellen. Die äusseren Blätter der Artischocken abzupfen und die Stiele wegschneiden. Die Artischocken halbieren, das Heu entfernen und die Hälften in feine Scheiben schneiden. Sofort ins Zitronenwasser geben, damit sie nicht schwarz anlaufen.

~ Die Scampi unter fliessendem kaltem Wasser abspülen, sorgfältig aus der Schale lösen, Kopf, Darm und Schwanzflosse entfernen.

~ In einer Sauteuse das Olivenöl erhitzen. Die Knoblauchzehen darin Farbe annehmen lassen und wieder entfernen. Die Butter und die Artischockenscheiben zugeben, salzen und pfeffern. Etwa 10 Minuten dünsten, dabei löffelweise warmes Wasser zugeben. Die Zucchinischeiben und die fein gehackten Basilikumblätter zufügen. Weitere 5 Minuten dünsten. Dann das Gemüse in eine Schüssel schütten und warm halten.

~ Im verbliebenen Öl die Scampi auf beiden Seiten anbraten. Salzen und pfeffern. Mit dem Brandy ablöschen, den Alkohol verdunsten lassen. Auf vorgewärmten Tellern pro Person 3 bis 4 Scampi anrichten. Mit den gedünsteten Gemüsen garnieren und mit dem gehackten Oregano bestreuen. Den Bratfond sparsam darüberträufeln.

Coquilles St-Jacques saltate in padella

Jakobsmuscheln aus der Pfanne

16	Jakobsmuscheln
2	kleine Schalotten, fein gehackt
3	Knoblauchzehen
4 EL	Olivenöl
8	Salbeiblätter
50 ml	trockener Vin Santo
1 Sträusschen	Petersilie, fein gehackt
	Salz, weisser Pfeffer

~ Die Muscheln öffnen und das Muschelfleisch auslösen. Das weisse Fleisch (die Nuss) und das orangefarbene Corail abtrennen. Den Rest entfernen. Nuss und Corail nochmals unter fliessendem kaltem Wasser abspülen und trockentupfen.

~ In einer Kasserolle die Schalotten und die Knoblauchzehen im Olivenöl glasig dünsten. Die Salbeiblätter zufügen. Das Muschelfleisch hineinlegen und von beiden Seiten insgesamt knapp 5 Minuten garen. Den Vin Santo dazugiessen und den Alkohol verdunsten lassen.

~ Vom Feuer nehmen, auf vorgewärmten Tellern anrichten und mit der gehackten Petersilie bestreuen.

«Das geht alles blitzgeschwind», so der Kommentar Danias zu diesem delikaten Meeresfrüchtegericht.

Polipo prezzemolato con orzo

Tintenfisch mit Petersilie und Rollgerste

~ Den Tintenfisch 1 Stunde im Tiefkühlfach lagern, damit er weich wird. Im Kühlschrank auftauen lassen und anschliessend in einem Kochtopf mit kaltem Wasser zum Kochen bringen. Etwa 40 Minuten köcheln lassen, dann im Kochwasser beiseite stellen.

~ Inzwischen in einer anderen Kasserolle in leicht gesalzenem Wasser die Rollgerste etwa 15 Minuten kochen. Vom Feuer nehmen, in einem Sieb unter kaltem Wasser rasch abkühlen und beiseite stellen.

~ Den Tintenfisch in kleine Stücke schneiden und mit der Gerste, dem Olivenöl und dem Balsamicoessig in eine flache Schüssel geben. Salzen und pfeffern. Die gehackte Petersilie und die Tomatenwürfel darübergeben. Alles gut durchmischen.

~ Auf mit zartem Blattsalat ausgelegten Tellern anrichten und mit Parmesanscheiben belegen.

1	Tintenfisch, küchenfertig
150 g	Rollgerste
4 EL	Olivenöl
1 EL	Balsamicoessig
3 EL	Petersilie, fein gehackt
2 EL	gewürfeltes Tomatenfleisch
	Blattsalat, nach Belieben
50 g	Parmesan, fein gescheibelt
	Salz, Pfeffer

Filetto di branzino alla pizzaiola

Wolfsbarsch nach Art der Pizzabäckerin

- 2 Wolfsbarsche von je 1 kg
- 20 Kapern (in Essig eingelegt), abgespült und abgetropft
- 2 reife Tomaten, enthäutet, entkernt und gewürfelt
- 2 Knoblauchzehen, gescheibelt
- Oreganoblättchen
- Thymianblättchen
- 10 Basilikumblättchen
- 50 ml Olivenöl
- Salz

Die Fische vom Fischhändler filetieren lassen. Es werden 4 Wolfsbarschfilets von je 200 bis 250 Gramm benötigt. Nehmen Sie die Köpfe, Gräten und Flossen mit; sie werden für die Fischbrühe verwendet.

~ 4 Stück Aluminiumfolie von etwa 20 cm Länge bereitlegen.

~ In einem Kochtopf 1 Liter kaltes Wasser aufsetzen. Die Fischköpfe (ohne Kiemen) die Gräten und Flossen darin zum Kochen bringen, salzen und etwa 20 Minuten kochen lassen. Danach abseihen und die Flüssigkeit beiseite stellen.

~ Den Backofen auf 150 Grad vorheizen.

~ Auf jedes Stück Aluminiumfolie ein Fischfilet legen und auf jedes etwa 5 Kapern, einige Tomatenwürfel, ein paar Knoblauchscheiben und einige Kräuterblättchen geben. Mit etwas Olivenöl und je einem Esslöffel Fischbrühe beträufeln. Die Folie darüberschlagen und dicht verschliessen, so dass keine Flüssigkeit austreten kann. Die Fischpäckchen auf ein Backblech legen und im vorgeheizten Ofen etwa 30 Minuten garen.

~ Aus dem Ofen nehmen. Die Päckchen öffnen und die Fischfilets auf vorgewärmten Tellern anrichten. Den Saft samt den Kräutern darübergeben.

Carpaccio di dentice marinato all'aceto balsamico

Mit Balsamicoessig mariniertes Fisch-Carpaccio

1	Zahnbrasse von ca. 1,5 kg
	Saft von 1 Orange
	Saft von ½ Zitrone
5 Tropfen	Tabasco
5 EL	Balsamicoessig
1 EL	Thymian, fein gehackt
4 EL	Olivenöl
1 Sträusschen	Schnittlauch, fein geschnitten
	Salz, weisser Pfeffer

~ Den Fisch vom Fischhändler filetieren und häuten lassen. Die Filets in dünne Scheiben schneiden, diese zwischen 2 Lagen Lebensmittelfolie legen und mit dem Fleischklopfer vorsichtig flachklopfen.

~ Die flachgeklopften Fischscheiben nebeneinander auf eine grosse Servierplatte oder ein grosses Tablett legen. Salzen und pfeffern.

~ In einer Rührschüssel Orangen- und Zitronensaft, Tabasco, Balsamicoessig und den fein gehackten Thymian mit einer Gabel mit dem Olivenöl verquirlen. Den Fisch mit dieser Sauce überziehen und eine halbe Stunde an einem kühlen Ort marinieren. Anschliessend auf vier Tellern anrichten und den fein gehackten Schnittlauch darüberstreuen.

Dania serviert dieses Fisch-Carpaccio vorzugsweise mit Scheiben von gekochten kalten Kartoffeln, die sie mit gehackter Petersilie, etwas gehacktem Knoblauch, Olivenöl und etwas Zitronensaft sowie Salz und Pfeffer würzt.

Essig aus Modena –

BALSAMISCHE TROPFEN

Dass in der «Chiusa»-Küche als Essig oft der aromatische Aceto balsamico di Modena verwendet wird, erstaunt wohl kaum. Eher ist erstaunlich, wie rasch der Balsamicoessig, bis vor Jahren vor allem in der Gastroszene ein Begriff, in kurzer Zeit den Weg in den privaten Haushalt gefunden hat. Die Erklärung dazu ist einfach: Über ein allgemein gesteigertes Interesse an gehobener Kochkultur und die einschlägige Fachpresse hat es der balsamische Tropfen geschafft, auch in der mittelständischen Küche zum Inbegriff einer köstlichen Zutat zu werden.

Für Dania eine Selbstverständlichkeit. Natürlich verwendet auch sie ihn, um Gerichten eine spezielle Geschmacksnote zu verleihen. Doch gibt es in ihrer Küche auch Gerichte, die sie mit Weinessig zubereitet – eine gute Qualität muss es allerdings sein. Und den zarten Früh-

lingssalat serviert sie oft ganz ohne Essig, nur mit Olivenöl beträufelt, bietet jedoch allen, die es mögen, «un goccio di aceto balsamico» an und gibt diesen auch wirklich nur in kleinster Dosierung – eben tropfenweise – über den Salat. Mehr wäre – zumal bei einem der hochkarätigen Produkte mit der geschützten Ursprungsbezeichnung D.O.C. – wohl auch zuviel. Denn ein einziger Tropfen eines echten, während Jahren gereiften Aceto balsamico enthält eine solche Fülle von süss-sauren Geschmacksnuancen, dass er delikaten Speisen nur in kleinen Mengen zugegeben werden sollte.

Wie die aromatische Würze heranreift, ist zwar kein Geheimnis, aber dennoch geheimnisvoll. Mit den Billigprodukten, in industriellen Schnellverfahren hergestellt und zu gängigen Preisen ebenfalls als «Aceto balsamico» auf den Markt gebracht, hat der echte Balsamicoessig jedoch rein gar nichts zu tun. Um so wichtiger war es den Produzenten des echten Balsamicoessigs, dass es ihnen 1987 gelang, für ihren nach traditioneller Methode in langjährigem Reifeprozess entstehenden Essig das Gütesiegel D.O.C. (Denominazione di origine controllata, kontrollierte Herkunftsbezeichnung) zu schaffen. Dieses Siegel schützt die hochwertigen Erzeugnisse, da es nur nach eingehender Prüfung durch das Consorzio produttori aceto balsamico tradizionali di Modena verliehen werden darf.

Echter Balsamicoessig reift während Jahrzehnten oder gar Jahrhunderten unter den Dächern einiger mittelalterlicher Palazzi in der Innenstadt Modenas. Bei extrem unterschiedlichen Sommer- und Wintertemperaturen und stets von einem leisen Luftzug umstrichen, lagern die Holzfässchen, welche die hochkarätigsten Tinkturen enthalten, direkt unter dem First in den Estrichen der alten Gebäude. Die Fässer, die man sich wie die Barriquefässer der Weinproduktion vorstellen darf, sind teilweise mehr als dreihundert Jahre alt. Mancher Balsamico, der hier heranreift, wurde vor mehr als zweihundert Jahren angesetzt, und unter den «aciai», den Balsamicoproduzenten, kursiert denn begreiflicherweise auch das geflügelte Wort: «Jeder von uns produziert für seine Nachfahren.»

So ist es auch bei der Firma Giuseppe Giusti, die uns erlaubte, die Fotos zu diesem Thema in ihrem «Allerheiligsten», den Estrichräumen des familieneigenen Palazzo mitten in Modena, zu machen. Seit 1605 produziert die heute noch an derselben Adresse ansässige Firma, die das traditionelle Produktionsverfahren als Nebenprodukt ihrer «salumeria» (Wurstherstellung) entwickelt hatte, einen der anerkannt hochwertigsten Balsamicoessige nach der traditionellen, aufwendigen Methode. Verwendet werden dazu ausschliesslich weisse Trebbiano-Trauben aus der Umgebung von Modena, die so spät wie möglich gelesen werden, damit ihr Zuckergehalt hoch und das Aroma voll entwickelt ist. Im Unterschied zum gängigen Weinessig, dessen Gärprozess gleich nach der Kelterung beginnt, wird der Traubenmost für den Balsamicoessig nach dem Keltern, bevor die alkoholische Gärung einsetzt, zuerst langsam eingekocht. Danach – und darin liegt das Geheimnis – durchläuft er einen bemerkenswerten Alterungsprozess, der damit beginnt, dass der konzentrierte Saft in kleine Holzfässer gefüllt wird. Im Laufe der Jahre wird er in bestimmten Intervallen in Fässer einer anderen Holzart umgefüllt. So durchwandert er Fässer aus Eichen-, Kastanien-, Kirschbaum-, Buchen- und Maulbeerbaumholz, und jede Holzart fügt dem heranreifenden Balsamico eine neue Geschmackskomponente hinzu.

Die Fässer, die obenliegende kaum handgrosse Öffnung nur durch ein festgezurrtes Leinentüchlein geschützt, altern dabei mit, und es kommt schon einmal vor, dass eines undicht wird. Dann wird es jedoch keineswegs ersetzt, sondern erhält als «zweite Haut» eine Ummantelung, «camicia» (Hemd) genannt, über das ursprüngliche Fass

gekűfert. Denn gerade die durch die Jahrzehnte, wenn nicht Jahrhunderte gealterten, durchtränkten Hölzer gelten als wertvollste Basis für die kostbaren Essenzen, die mit jedem Jahr an Körper, Geschmack und Eigenart gewinnen. Durch den natürlichen Verdunstungsprozess verliert der Essig, während er reift, stetig an Volumen und dickt, zumindest die kostbarsten, ältesten Qualitäten, zu einem melasseartigen Konzentrat ein. Um es vorwegzunehmen: Davon gibt es nur kleinste Mengen, und diese werden, ungeachtet der (zumindest für Normalverbraucher) fast astronomischen Preise, weltweit an einige wenige, höchstbenotete Restaurants vermarktet. Ein Trost: Wer sich von der Güte eines wenigstens fünf bis zehn Jahre alten, echten Balsamicoessigs selbst überzeugen will, findet diese Qualität in einschlägigen Delikatessengeschäften (selbstverständlich auch bei Giusti in Modena!) – nicht billig, aber in Anbetracht der Spezialität doch zu reellen Preisen. Die Sicherheit, für sein Geld immerhin einen echten traditionellen Balsamicoessig zu erstehen, ist das Gütesiegel D.O.C – und das ungeachtet der Marke!

S O R

Sorbets

Wie es die feine Art des Geniessens gebietet, gehört, wo ein Mahl mit mehreren Gängen zelebriert wird, meist ein Sorbet als kleiner Zwischengang vor das Fleischgericht eingeschoben. Dem Sorbet gelingt es vorzüglich, durch seine kühle Glätte und seine Geschmacksstoffe den Gaumen zu neutralisieren und eine meist willkommene Pause vor die folgenden Genüsse zu setzen.

B E T T I

Sorbetto al rosmarino

Rosmarinsorbet

300 ml	Wasser
300 g	Zucker
100 g	frische Rosmarinnadeln
	Saft von 1 Zitrone
3	Eiweiss, sehr steif geschlagen

~ In einer Kasserolle das Wasser, den Zucker und die Rosmarinnadeln bei mässiger Hitze zum Kochen bringen. Rühren, bis sich der Zucker ganz aufgelöst hat. Sobald der Siedepunkt erreicht ist, genau 5 Minuten köcheln lassen.

~ Vom Herd nehmen, den Zitronensaft dazugeben und gut mischen. Abkühlen lassen, die Rosmarinnadeln entfernen und das sehr steif geschlagene Eiweiss sorgfältig unter den Zuckersirup ziehen.

~ In der Eismaschine oder in einem tiefen Gefäss im Tiefkühler gefrieren lassen. Alle 30 Minuten durchrühren und die Eiskruste, die sich am Rand bildet, wieder unter die Sorbetmasse mischen. Zuletzt alles nochmals gut durchrühren und zu Eis werden lassen.

~ In eisgekühlten Kelchgläsern anrichten und mit einigen Rosmarinnadeln garnieren.

(Achtung: Das Glas kann zerspringen, wenn man es schockartig eiskühlt!)

Sorbetto di ciliege

Kirschensorbet

500 g	grosse, reife Kirschen
100 ml	Wasser
100 g	Zucker
100 ml	Kirsch

~ Die Kirschen entsteinen. Das Fruchtfleisch im Mixer oder Cutter zerkleinern.

~ Wasser und Zucker in einer Kasserolle bei mittlerer Hitze langsam zum Kochen bringen, die Hitze reduzieren und zwei bis drei Minuten simmern lassen. Vom Herd nehmen und abkühlen lassen. Dann das Fruchtpüree und den Kirsch dazurühren.

~ In der Eismaschine oder in einem tiefen Gefäss im Tiefkühler gefrieren lassen. Alle 30 Minuten durchrühren und die Eiskruste am Rand wieder unter die Sorbetmasse mischen. Wenn die Masse zu erstarren beginnt, alles nochmals gut durchrühren und zu Eis werden lassen.

~ Portionsweise in gekühlten Gläsern servieren und mit einem Schuss Kirsch abrunden. Wird das Sorbet als Dessert gereicht, kann es mit frischen oder kandierten Kirschen garniert werden.

Sorbetto di arancia e vodka

Orangen-Wodka-Sorbet

3 kg	Orangen, möglichst süsse Blutorangen (Tarocco)
200 ml	Wasser
200 g	Zucker
200 ml	Wodka

~ Die Orangen auspressen und den Saft durchseihen.

~ Wasser und Zucker in einer Kasserolle bei mittlerer Hitze langsam zum Kochen bringen, die Hitze reduzieren und zwei bis drei Minuten simmern lassen. Den Zuckersirup vom Herd nehmen und abkühlen lassen. Dann Wodka und Orangensaft untermischen.

~ In der Eismaschine oder in einem tiefen Gefäss im Tiefkühler gefrieren lassen. Alle 30 Minuten durchrühren und die Eiskruste am Rand wieder unter die Sorbetmasse mischen. Wenn die Masse zu erstarren beginnt, alles nochmals gut durchrühren und zu Eis werden lassen.

~ Portionsweise in gekühlten Gläsern servieren und mit einem Schuss Wodka abrunden.

Sorbetto all'uva rossa

Sorbet aus blauen Trauben

500 g	blaue Trauben
100 ml	Wasser
100 g	Zucker
200 ml	Grappa

~ Die Traubenbeeren im Entsafter zu Traubensaft pressen.

~ Wasser und Zucker in einer Kasserolle bei mittlerer Hitze langsam zum Kochen bringen, die Hitze reduzieren und fünf Minuten simmern lassen. Vom Herd nehmen und abkühlen lassen. Dann den Traubensaft und den Grappa dazurühren.

~ In der Eismaschine oder in einem tiefen Gefäss im Tiefkühler gefrieren lassen. Alle 30 Minuten durchrühren und die Eiskruste am Rand wieder unter die Sorbetmasse mischen. Wenn die Masse zu erstarren beginnt, alles nochmals gut durchrühren und zu Eis werden lassen.

~ Portionsweise in gekühlten Gläsern, mit Traubenbeeren garniert, servieren.

Sorbetto di arancia e vodka

C A R

Fleischgerichte

In der klassischen italienischen Küche waren Fleischgerichte lange fast ausschliesslich den Festtagen vorbehalten und stehen noch heute als Solitäre, höchstens von den Gemüsebeilagen, den «Contorni», allenfalls von einem Salat begleitet, auf dem Menü. Hier findet sich die klassische «Bistecca fiorentina» vom Grill ebenso wie Fleisch von Klein-tieren und Geflügel.

N E

Agnello in fricassea

Lammfrikassee

500 g	Lammkeule, in Ragoutstücke geschnitten
4 EL	Olivenöl
1	Gemüsebouquet, bestehend aus 1 Karotte, 1 kleinen Selleriestange, 1 Zwiebel
	abgeriebene Schale von ½ Zitrone
½ l	heisse Fleischbrühe
1 TL	Mehl
2	Eier
	Saft von ½ Zitrone
	Salz, Pfeffer

~ In einer Kasserolle das Öl erhitzen, das Fleisch hineingeben und auf beiden Seiten goldgelb braten. Salzen und pfeffern.

~ Das Gemüsebouquet und die abgeriebene Zitronenschale zugeben, mit heisser Fleischbrühe ablöschen und auf mittlerer Hitze etwa 30 Minuten schmoren. Wenn nötig, noch etwas heisse Fleischbrühe zufügen. Die Fleischstücke herausnehmen und warm stellen, das Gemüsebouquet entfernen.

~ Das Mehl in einer kleinen Schüssel in etwas heisser Brühe anrühren und unter die Sauce rühren.

~ Die Eier mit einer Gabel schlagen und bei kleinster Hitze zusammen mit dem Zitronensaft sehr gut unter die heisse, aber nicht kochende Sauce mischen. Abschmecken, das Fleisch in die Sauce zurückgeben, nochmals kurz erwärmen und auf vorgewärmten Tellern anrichten. Eventuell mit Zitronenschalenstreifen garnieren.

Coniglio marinato alla moda di Dania

Marinierter Kaninchenrücken nach Danias Art

- 4 ausgelöste Kaninchenrücken
- 2 EL Olivenöl
- Saft von 1 Zitrone
- 1 Rosmarinzweiglein, die Nadeln fein gehackt
- 1 Knoblauchzehe, geschält und gepresst
- ¼ l trockener Weisswein
- Butter zum Anbraten
- 4 reife Tomaten, enthäutet, entkernt, gewürfelt
- 1 Rosmarinzweiglein, Nadeln für die Garnitur
- Salz, Pfeffer

~ Die Kaninchenrücken auf beiden Seiten salzen und pfeffern. Das Olivenöl, den Zitronensaft, die fein gehackten Rosmarinnadeln, den gepressten Knoblauch und die Hälfte des Weissweins in eine flache Schüssel geben und alles gut vermischen. Die Kaninchenrücken in die Marinade legen und ungefähr 12 Stunden an einem kühlen Ort ruhen lassen. (Die Marinade muss das Fleisch vollständig bedecken.)

~ Die Kaninchenrücken in einer Kasserolle in etwas Butter anbraten (aber nicht bräunen), die verbliebene Marinade zugeben und das Fleisch auf mittlerer Hitze 5 bis 7 Minuten schmoren. Wenn die Flüssigkeit eingekocht ist, zweimal mit etwas Wein ablöschen und diesen jedesmal einkochen lassen. Die gewürfelten Tomaten darunterrühren. 5 Minuten weiterdünsten und dann vom Herd nehmen.

~ Die Kaninchenrücken aus der Kasserolle nehmen und auf einem Tranchierbrett in 2 cm dicke Scheiben schneiden. Inzwischen die Sauce aufkochen und das Fleisch nochmals kurz darin schwenken. Auf den vorgewärmten Tellern anrichten und mit den restlichen Rosmarinnadeln garnieren.

Insalata di oca
Gänsefleischsalat

~ In einem grossen Kochtopf etwa 3 Liter Wasser und den Weinessig zum Kochen bringen, salzen. Die Gans hineingeben und rund 1½ Stunden darin garen. Das Fleisch ist gar, wenn sich die Haut mit einer Gabel leicht davon lösen lässt.

~ Die gekochte Gans aus dem Sud heben, abtropfen lassen und mit einem feuchten Küchentuch zugedeckt auskühlen lassen. Sobald sie ausgekühlt ist, auf einem Tranchierbrett in zwei Hälften teilen, die Haut entfernen und das Fleisch von den Knochen lösen. Das Fleisch in möglichst grosse Stücke schneiden. Jedes Stück mit Salz und mit Pfeffer aus der Mühle würzen.

~ Die so vorbereiteten Fleischstücke in eine genügend grosse, flache Schüssel schichten und mit Olivenöl auffüllen, bis das Fleisch damit bedeckt ist.

~ Zwiebeln, Sellerie, Peperoncini und die abgeriebene Zitronenschale miteinander vermengen. Gut zwei Drittel davon zur Marinade geben und die Fleischstücke darin mehrmals wenden. Dann etwa 12 Stunden darin marinieren. Die Fleischstücke von Zeit zu Zeit wenden, damit sie das Aroma gleichmässig aufnehmen können.

~ Die marinierten Gänsestücke auf Tellern anrichten, mit etwas Marinade überziehen und die restlichen fein gehackten Gemüse – oder frische Gartenkräuter – darüber verteilen. Dania wählte im April dazu spontan Thymian, Pimpinelle, frischen Oregano und eine Schnittlauchblüte. Mit wenig Olivenöl beträufeln und kalt servieren.

1	küchenfertige Gans von ca. 2 kg
2 EL	Weissweinessig
	Olivenöl extra vergine nach Bedarf
2	frische Zwiebeln, fein gehackt
3	Selleriestangen, in feine Scheiben geschnitten
3	getrocknete Peperoncini, zerkrümelt (frische in feine Scheiben geschnitten)
	abgeriebene Schale von 1 Zitrone
1 EL	Balsamicoessig
4	Knoblauchzehen, fein gehackt
	eventuell frische Gartenkräuter
	Salz, Pfeffer

1 Dose	Tomaten (Pelati)
200 g	brauner Rohrzucker
50 ml	Apfelessig
30 g	Zimt
2	Zwiebeln, gehackt
5	Knoblauchzehen, geschält, fein gehackt
1 EL	Olivenöl extra vergine
1 EL	Senfkörner
1 gehäufter TL	Salz (8 g)
1 gehäufter TL	Pfeffer (8 g)

Dazu passt ausgezeichnet ein Tomaten-Chutney:

~ Die Dosentomaten entkernen. Alle Zutaten in einer grossen Schüssel vermengen, in einen Kochtopf geben, aufkochen und etwa 1½ Stunden einkochen lassen. Die Flüssigkeit muss völlig verdampfen.

~ Inzwischen in einer kleinen beschichteten Bratpfanne das Olivenöl erhitzen und die Senfkörner kurz darin rösten. Vom Feuer nehmen. Die Senfkörner werden dem Chutney etwa 10 Minuten vor Ende des Kochprozesses beigefügt, also kurz bevor die Flüssigkeit ganz verdampft ist.

~ Die Masse auf einem Tranchierbrett etwa 1,5 cm dick ausstreichen. In beliebige Formen schneiden oder Formen daraus ausstechen und mit dem Gänsesalat auf flachen Tellern anrichten.

Anitra al finocchio selvatico

Ente mit wildem Fenchel

1	Ente von etwa 1½ kg, küchenfertig
150 g	Butter
2 EL	getrockneter wilder Fenchel (eventuell frischer Gartenfenchel)
150 ml	Weisswein
	Salz, Pfeffer

~ Den Backofen auf 180 Grad vorheizen.

~ Die Ente waschen. Mit einem spitzen Messer kleine Einschnitte in die Brusthaut machen und jeweils etwas Butter unter die Haut schieben. Die Ente mit der restlichen Butter bestreichen, innen und aussen salzen und mit dem getrockneten oder frischen Fenchel bestreuen.

~ Die Ente in einem Bräter im vorgeheizten Ofen ungefähr 1 Stunde braten. Dann den Weisswein zugeben und nochmals 20 Minuten schmoren lassen. Garprobe: Eine Gabel im Brustbereich einstechen, wenn keine Flüssigkeit mehr austritt, ist die Ente gar.

~ Die Ente aus dem Ofen nehmen, sachgemäss tranchieren und portionenweise auf vorgewärmten Tellern warm stellen.

~ Den Bratfond entfetten. Über die portionierten Ententstücke nochmals etwas Fenchel streuen und mit der Sauce überziehen.

Insalata di trippa

Kuttelsalat

1 kg	Kutteln, gekocht
2	Knoblauchzehen, geschält
2 EL	Olivenöl extra vergine
1 EL	Balsamicoessig
1 EL	Zitronensaft
4	Peperoncini, fein gehackt oder zerkrümelt
2	frische reife Tomaten, gehäutet, entkernt und in kleine Würfel geschnitten
1	rote Zwiebel, in feine Scheiben geschnitten
1 Sträusschen	Petersilie, fein gehackt
	Salz, Pfeffer aus der Mühle

Ein schmackhaftes Gericht für Liebhaber von Innereien!

~ Gekochte Kutteln sind beim Metzger fast immer erhältlich. (Andernfalls die rohen Kutteln in Salzwasser, dem einige Tropfen Zitronensaft beigegeben wurden, weich kochen und auskühlen lassen.) Die Kutteln in feine, etwa 1 cm breite und 3 bis 4 cm lange Streifen schneiden.

~ Eine Salatschüssel kräftig mit den Knoblauchzehen ausreiben und die Kuttelstreifen darin wenden, so dass sie das Knoblaucharoma annehmen.

~ In einer kleinen Rührschüssel Olivenöl, Balsamicoessig und Zitronensaft verrühren und die fein gehackten Peperoncini zugeben. Mit Salz und Pfeffer würzen und alles gut vermengen.

~ Die Tomatenwürfel und Zwiebelscheiben zu den Kutteln geben und alles mit der Salatsauce vermengen. Auf vier Tellern verteilen und reichlich mit der fein gehackten Petersilie bestreuen.

Pollo alla contadina

Poulet nach Bäuerinnenart

1	Bratpoulet von 1,2 bis 1,5 kg, ohne Innereien
2	Knoblauchzehen, geschält, fein gehackt
½	weisse Zwiebel, fein gehackt
½ Handvoll	Rosmarinnadeln, fein gehackt
einige	Salbeiblätter, fein gehackt
2 EL	Olivenöl
⅛ l	trockener Weisswein
¼ l	Geflügelbrühe
1	getrockneter Peperoncino, zerkrümelt (frischen in feine Scheiben geschnitten)
	Salz, Pfeffer aus der Mühle

~ Das Poulet in 8 Stücke zerschneiden, unter fliessendem Wasser waschen und mit Küchenpapier trocknen. Mit Salz und Pfeffer aus der Mühle würzen.

~ In einer Sauteuse Knoblauch, Zwiebel, Rosmarin und Salbei im Olivenöl etwa 5 Minuten sanft bräunen. Die Hälfte davon in einen Schmortopf geben und die Pouletstücke darin während etwa 15 Minuten rundherum anbraten, dabei stetig wenden. Dann mit dem Weisswein ablöschen und den Alkohol verdunsten lassen. Den Peperoncino beifügen und das Geflügel etwa 30 Minuten schmoren lassen; verdampfte Flüssigkeit von Zeit zu Zeit durch etwas Geflügelbrühe ersetzen.

~ Das Geflügel auf vier vorgewärmten Tellern anrichten und die restliche Kräuter-Gewürz-Mischung darüberstreuen.

Polpettine di casa

Hackbällchen nach Art des Hauses

2	Knoblauchzehen, geschält
500 g	gehacktes Kalbfleisch (Voressen oder Bratenstück)
40 g	Paniermehl, in 150 ml Milch und Wasser (halb/halb) eingeweicht
1	Ei
	abgeriebene Schale von ½ Zitrone
1 Prise	Muskatnuss
	Mehl nach Bedarf
20 g	Butter
100 ml	Fleischbrühe
	Salz, Pfeffer aus der Mühle

~ Eine Rührschüssel aus Glas oder Chromnickelstahl kräftig mit den zwei Knoblauchzehen ausreiben. Das gehackte Kalbfleisch hineingeben und darin kneten, so dass es das Knoblaucharoma aufnimmt. Das Paniermehl wenn nötig ausdrücken und mit dem Fleisch vermengen. Das Ei, abgeriebene Zitronenschale und Muskatnuss zufügen und ebenfalls einarbeiten. Mit Salz und Pfeffer aus der Mühle würzen. Die Masse mindestens 1 Stunde im Kühlschrank ruhen lassen.

~ Dann daraus zwischen den Handballen kleine Klösschen formen. Mehl auf einen flachen Teller geben, gleichmässig verteilen und die Klösschen darin wenden.

~ In einer grossen Bratpfanne die Butter erhitzen, die Klösschen darin rundherum anbraten. Die Fleischbrühe zugeben, aufkochen und die Klösschen darin unter gelegentlichem Wenden mit einem Holzkochlöffel etwa 15 Minuten ziehen lassen.

Polpettone della Fosca

Hackbraten

1 kg	Kalbfleisch gehackt
½	Schalotte, sehr fein gehackt
1	Ei
½	Muskatnuss, gerieben
	abgeriebene Schale von ½ Zitrone
1–2 EL	Parmesan, frisch gerieben
100 ml	Milch
80 g	altbackenes Brot
50 g	Paniermehl
100 ml	Olivenöl
100 ml	Weisswein
	Salz, Pfeffer

~ In einer grossen Rührschüssel das Fleisch mit der gehackten Schalotte, dem Ei, der geriebenen Muskatnuss, der abgeriebenen Zitronenschale, dem Parmesan, Salz und Pfeffer vermengen. «Con le mani e la cosa piu interessante», so Dania, das heisst, sie macht dies gleich mit den Händen.

~ Die Milch aufkochen, das Brot hineingeben und quellen lassen, dann durch ein Haarsieb abseihen, ausdrücken, im Cutter oder mit einer Gabel fein zerkleinern und zur Fleischmasse geben. Alles nochmals gut vermengen, daraus einen länglichen Laib formen und diesen im Paniermehl rollen.

~ Den Backofen auf 160 Grad vorheizen.

~ In einem Bräter das Olivenöl erhitzen, das Fleisch sorgfältig hineingeben und etwa 20 Minuten im vorgeheizten Ofen schmoren. Immer wieder etwas Weisswein über das Fleisch giessen, so dass der Braten nicht austrocknet.

~ Den Hackbraten aus dem Ofen nehmen, etwas auskühlen lassen und in Scheiben schneiden. Das Öl, der Wein und der Fleischsaft sollten sich zu einer sämigen Sauce verbunden haben, die über die Bratenscheiben geträufelt wird. Lauwarm servieren, zum Beispiel mit einem gemischten Salat.

Polpettine di casa

Fagiano alle cipolle e brandy

Fasan mit Zwiebeln und Brandy

8	mittelgrosse weisse Zwiebeln, in kleine Stücke zerschnitten
¼ l	Weisswein
100 ml	Olivenöl extra vergine
1	Fasan von 1,5 kg (ohne Innereien etwa 1 kg)
100 ml	Geflügelbrühe
⅛ l	Brandy
	Salz, Pfeffer aus der Mühle

~ Am Vorabend die Zwiebelstücke in einer flachen Schüssel in den Weisswein einlegen und über Nacht marinieren.

~ Tags darauf in einer grossen Kasserolle das Olivenöl erhitzen, die marinierten Zwiebeln mit einem Sieblöffel aus der Marinade heben und etwa 10 Minuten im Öl dünsten.

~ Den Fasan innen und aussen salzen. In die Kasserolle zu den Zwiebeln geben und kurz von allen Seiten anbraten. Die Marinadenflüssigkeit zugiessen und den Fasan auf kleinster Flamme 1 Stunde zugedeckt sanft schmoren. Dabei mit einem Kochlöffel öfter etwas Geflügelbrühe über das Fleisch träufeln, damit es nicht austrocknet. Den Fasan mit dem Brandy übergiessen und flambieren. Zuletzt mit Pfeffer aus der Mühle würzen.

~ Den Fasan auf einem Tranchierbrett in vier Portionsstücke schneiden. Auf einer vorgewärmten Platte anrichten und mit der Zwiebel-Brandy-Sauce überziehen.

Anstelle des Fasans kann dieses Gericht auch mit einem französischen Bratpoulet oder einem Perlhuhn zubereitet werden. So hat man gleich eine Variante zum Fasanrezept.

Piedino di maiale allo zafferano

Schweinsfüsschen an Safransauce

3	Schweinsfüsschen (vom Metzger küchenfertig vorbereitet)
3	Schalotten, fein gehackt
1 EL	Olivenöl
1 l	Fleischbrühe
1 Briefchen	Safranfäden
	Salz, Pfeffer

~ In einer Kasserolle Wasser aufkochen, salzen, die Schweinsfüsschen zugeben, wieder zum Kochen bringen und gar kochen. Im Dampfkochtopf dauert dies etwa 45 Minuten, sonst mindestens 2 bis 3 Stunden, bis sich das Fleisch vom Knochen löst.

~ Anschliessend die Schweinsfüsschen aus dem Kochwasser nehmen und in einer Schüssel auskühlen lassen. Wenn sie kalt sind, das Fleisch von den Knochen lösen und in kleine Stückchen schneiden.

~ Die gehackten Schalotten im Olivenöl anziehen lassen, das Fleisch beigeben, salzen und pfeffern und etwa 20 Minuten schmoren. Immer wieder mit etwas Fleischbrühe begiessen.

~ Inzwischen in einem kleinen Schüsselchen die Safranfäden in etwas Fleischbrühe ziehen lassen. Dann abseihen, die aromatisierte Flüssigkeit zum Schmorsaft geben und gut darunterrühren. Warm servieren.

Frittata da bollito

Siedfleisch-Omelette

300 g	gekochtes Siedfleisch
2	Knoblauchzehen, geschält
1 Sträusschen	Petersilie, fein gehackt
6	Eier
2 EL	Milch
1 EL	Olivenöl
	Salz, Pfeffer aus der Mühle

Überall bleibt einmal ein Stück Siedfleisch als Rest übrig. Daraus lässt sich auf einfachste Weise eine delikate Omelette zubereiten!

~ Das Fleisch zusammen mit den Knoblauchzehen mit dem Wiegemesser sehr fein hacken. Mit der Petersilie vermengen, salzen und mit Pfeffer würzen.

~ In einer grossen Rührschüssel die Eier mit der Milch verquirlen und das Fleisch samt Knoblauch und Petersilie darunterrühren.

~ In einer beschichteten Bratpfanne das Öl erhitzen, die Masse hineingeben und von beiden Seiten zu einer nicht zu trockenen Omelette ausbacken.

Diese Omelette schmeckt auch kalt, von einem schönen gemischten Salat begleitet, köstlich!

Trüffel – die Winte

FREUDEN DER TOSKANA

Zugegeben, die beste Zeit für Reisen in die Toskana sind Herbst und Winter nicht. Zwar scheint oft eine milde, verhaltene Wintersonne auf die teils karge und dennoch unendlich schöne Landschaft der Creti senesi, bringt die klaren Herbstfarben zum Leuchten und zeichnet mit subtilen Farbkontrasten den Wechsel von sanften Hügeln und Tälern samt ihren Gehöften, die trutzig auf den Hügelkuppen sitzen, nach.

Aber die Jahreszeit gleicht das nicht immer attraktive Wetter auf der kulinarischen Ebene mehr als aus. Es ist Pilzsaison! In der ganzen Toskana sind die Pilzsucher unterwegs – nein, man sieht sie nicht –, aber meistens liegt das Ergebnis ihrer frühmorgendlichen Tätigkeit in den Auslagen der einschlägigen kleinen und grossen Lebensmittelgeschäfte. Die «Chiusa» hat ausser-

dem ohne Frage ihre eigenen Kanäle, um in der Pilzsaison regelmässig die handtellergrossen Steinpilzhüte, besteckt mit Nepitella, der wilden Minze, und andere köstlichste Pilzgerichte zu servieren.

Wenn schon die Steinpilze zum Schwelgen verleiten – wie denn soll man sich zum Thema Trüffel äussern? Es gibt, was das Kulinarische betrifft, nur Superlative! Denn obschon die weisse Trüffel als das «weisse Gold des Piemont» zu Höchstpreisen gehandelt wird, gehört gerade sie zu den Spezialitäten, deren Raffinesse in der vollkommenen Einfachheit der Anwendung liegt. In hauchdünnen Scheiben über einen Teller feinste Eiernudeln, einen Risotto oder ein geröstetes Brot gehobelt, verströmt sie den unvergleichlichen Duft, der sie zur Königin der Spezialitäten krönt.

Zum solchermassen geadelten Produkt wird die Trüffel wohl auch deshalb, weil sie nur in wenigen Gegenden Europas gedeiht und – zumindest die kostbare weisse Sorte – noch nicht kultivierbar ist. Trüffel gehören zur Familie der Schlauchpilze und wachsen in den Wäldern vor allem in Symbiose mit Eichen, Silberpappeln und Eschen; sie gedeihen im Wurzelbereich der Bäume, etwa 5 bis 40 Zentimeter unter der Erdoberfläche. Die kostbarste Art, die weisse Trüffel (Tuber magnatum pica), wächst vornehmlich im Piemont und in der Toskana; die schwarze Trüffel (Tuber brumale) kommt in der Provence (Périgord), in der Toskana, in Umbrien, aber auch in der Emilia Romagna und den Marche, der adriatischen Region Mittelitaliens, vor.

Ihre Suche – besser noch das Finden – gleicht einem Mysterium. Die Trüffel sind so gut unter dem Erdreich verborgen, dass sie mit wenigen Ausnahmen nur von Hunden (oder Schweinen) erschnüffelt werden können. So ist die Trüffelsuche eigentlich eine Gemeinschaftsleistung des «trufai», des Trüffelsuchers, und seines Hundes oder seiner Hunde, denn oft wird ein junges Tier von seinen Eltern mit der Arbeit vertraut gemacht. Die Trüffelhunde sind häufig Bastarde, einige wurden zu einer eigentlichen «Rasse» gezüchtet, dem «Lagotto». Sie sollen kräftig, aber nicht gross, gehorsam und intelligent sein und vor allem eine ausgezeichnete Nase haben. Des Trüffelsuchers Kapital sind genaue Ortskenntnisse, ein untrügliches Erinnerungsvermögen, Spürsinn und botanisches Wissen, und viele von ihnen sind, so wird ihnen nachgesagt, notorische Einzelgänger. Dennoch müssen sie in einem Belang «teamfähig» sein, nämlich als Hundeführer, damit der kostbare Fund vom Hund zwar signalisiert, keinesfalls aber ausgegraben oder gar gefressen wird!

Welchen Ertrag ein Trüffelsucher jeweils nach Hause bringt, bleibt sein Geheimnis. Schätzen könnte man es, wenn man der alljährlich im November stattfindenden nationalen Trüffelmesse in Acqualagna bei Pesaro einen Besuch abstattet. Für Interessierte gibt es noch ein paar weitere öffentlich zugängliche Trüffelmärkte, zum Beispiel in Bagnoli Irpino (Avellino), in Miniato (Region Pisa) und natürlich in Asti, der Hochburg der weissen Trüffel im Piemont. Um nicht fehlzugehen, ist es ratsam, sich bei den entsprechenden Fremdenverkehrsbüros nach den genauen Terminen dieser Veranstaltungen zu erkundigen.

C O N

Beilagen

Was hier auf der Speisekarte steht, ist meist nicht weit gereist. Es wuchs vermutlich gleich unten im «Chiusa»-Garten, und das Angebot folgt dementsprechend dem Erntekalender der Jahreszeiten. Diesem Prinzip sollte man sich auch in der heimischen Küche anschliessen. Nur die «Fagiolini», die weissen Bohnen an Tomatensauce, dürfen als «Cannellini» aus der Dose kommen. Das ist gute, toskanische Tradition!

T O R N I

Fagioli all'uccelletto

Feine Bohnenbeilage

500 g Bohnen, eingeweicht, oder Bohnen aus der Dose (Cannellini)
150 ml Olivenöl
5 Knoblauchzehen, geschält
10 Salbeiblätter
3 Tomaten, enthäutet, entkernt und gewürfelt
Salz, Pfeffer aus der Mühle

~ Die Bohnen gar kochen.

~ Das Olivenöl in einer Kasserolle erhitzen. Die Knoblauchzehen und die Salbeiblätter darin anziehen lassen. Die abgetropften Bohnen beifügen und etwa 20 Minuten dünsten. Dann die Tomaten zugeben und 10 Minuten weiterköcheln lassen.

Es soll Sie nicht beunruhigen, wenn die Bohnen ziemlich zerkochen – dies entspricht toskanischer Tradition. Mit Salz und Pfeffer aus der Mühle abschmecken.

Peperoni arrostiti all'aceto balsamico

Geröstete Paprikaschoten mit Balsamicoessig

Für 6 Personen

6 grosse rote Paprikaschoten (Peperoni)
4 EL Olivenöl
1 EL Balsamicoessig
einige Basilikumblätter
Salz

~ Den Ofen auf 250 Grad vorheizen.

~ Die Paprikaschoten mit einem feuchten Tuch abreiben und unter mehrmaligem Wenden 20 bis 30 Minuten im vorgeheizten Ofen rösten. Aus dem Ofen nehmen und mit einem Küchentuch zugedeckt abkühlen lassen.

~ Häuten, vierteln und die Kerne sorgfältig entfernen. In eine flache Schüssel geben und salzen. Das Olivenöl und den Essig verquirlen, darübergeben und die Paprikaschoten ungefähr 2 Stunden darin marinieren.

~ Auf Tellern anrichten, mit wenig Marinade beträufeln und mit den Basilikumblättchen garnieren. Kalt servieren.

Pisellini, prezzemola e rigatino

Frische Erbsen mit Petersilie und Speckwürfelchen

~ In einer Sauteuse den Knoblauch und die Petersilie im Olivenöl andünsten, die Speck- oder Rohschinkenwürfelchen dazugeben. Die Hitze etwas erhöhen und alles 2 bis 3 Minuten braten.

~ Dann die ausgehülsten frischen (oder tiefgekühlten) Erbsen einrühren. Mit dem Zucker und wenig Salz würzen und unter löffelweiser Zugabe von etwas heissem Wasser noch 5 Minuten weiterdünsten. Heiss als Beilage servieren.

1	Knoblauchzehe, gehackt
1 Sträusschen	Petersilie, fein gehackt
1 EL	Olivenöl
30 g	Speck oder Rohschinken (Prosciutto), gewürfelt
1 kg	frische Gartenerbsen (oder 400 g tiefgekühlte Erbsen)
1 TL	Zucker
1 Prise	Salz

Melanzane alla parmigiana

Gebackene Auberginen mit Parmesan

3	möglichst runde, grosse Auberginen
20 g	grobes Meersalz
	Weissmehl
150 ml	Olivenöl extra vergine
½ l	Tomatensauce (nach Grundrezept Seite 134)
100 g	Parmesan, frisch gerieben
	Salz, Pfeffer

~ Die Auberginen in gleichmässige, etwa 1 cm dicke Scheiben schneiden. In eine Schüssel schichten und sparsam mit grobem Meersalz bestreuen. Mit einem Schneidbrett abdecken und dieses beschweren (z.B. mit 2 Tellern oder einer Konservendose). 2 bis 3 Stunden an einem kühlen Ort ruhen lassen.

~ Dann die entwässerten Auberginenscheiben unter fliessendem kaltem Wasser abspülen, mit einem Tuch oder Küchenpapier trockentupfen und beidseitig mit Mehl bestäuben.

~ In einer grossen Bratpfanne das Öl erhitzen und die Auberginen darin goldbraun backen. Anschliessend auf Küchenpapier ausbreiten und mit leichtem Druck überschüssiges Öl abtupfen. Die gebackenen Auberginenscheiben lagenweise in eine Schüssel schichten und über jede Lage reichlich Tomatensauce geben. Frisch geriebenen Parmesan darüberstreuen.

Dieses Gericht serviert Dania in der warmen Jahreszeit ihren Gästen auch lauwarm oder sogar kalt als Vorspeise.

Pomodoro farcito

Gefüllte überbackene Tomaten

6	feste Fleischtomaten
1	Knoblauchzehe, gepresst
1 Sträusschen	Petersilie, fein gehackt
1 Sträusschen	Basilikum, fein gehackt
1 EL	Kapern, fein gehackt
2 EL	altbackenes Brot ohne Rinde, fein gerieben oder im Cutter zerhackt
150 ml	Olivenöl
1 Prise	Salz, Pfeffer

~ Den Backofen auf 220 Grad vorheizen.

~ Die Tomaten halbieren, leicht auspressen und den Saft in einem Schüsselchen sammeln. Mit einem Teelöffel die Kerne entfernen.

~ Den Tomatensaft mit dem Knoblauch, der Petersilie, dem Basilikum, den Kapern, dem geriebenen Brot und der Hälfte des Olivenöls gut vermengen; salzen und pfeffern.

~ Die vorbereiteten Tomatenhälften mit der Panade füllen, in einen Bräter stellen und mit dem restlichen Olivenöl beträufeln. Die Backofenhitze etwas reduzieren und die Tomaten etwa 15 Minuten überbacken.

Melanzane alla parmigiana

Sformato di patate, pinoli e semi di papavero

Kartoffelflan mit Pinienkernen und Mohnsamen

5	mittelgrosse Kartoffeln
4 EL	Béchamelsauce (Grundrezept Seite 134)
	abgeriebene Schale von ½ Zitrone
1 EL	Mohnsamen
50 g	Pinienkerne
	Butter zum Ausbuttern der Backförmchen
	Salz, Pfeffer

~ Die Kartoffeln in der Schale kochen, schälen und durch das Passiergerät drehen. Die Béchamelsauce, die abgeriebene Zitronenschale und die Mohnsamen dazugeben. Salzen und pfeffern.

~ Den Backofen auf 150 Grad vorheizen.

~ Die Pinienkerne einige Minuten im Ofen rösten und dann unter die Kartoffelmasse mischen.

~ Vier kleine Auflauf- oder Backförmchen gut ausbuttern und die Masse mit einem Löffel einfüllen.

~ Im Wasserbad auf einem Gitter im vorgeheizten Backofen etwa 35 Minuten backen.

~ Aus dem Backofen nehmen und etwas auskühlen lassen. Auf vorgewärmte Teller stürzen und als Beilage servieren.

Carciofi e patate
Artischocken mit Kartoffeln

~ In einer Schüssel kaltes Wasser mit dem Zitronensaft bereitstellen. Die Artischocken waschen, die Stiele abschneiden, die äusseren harten Blätter und das Heu entfernen. Die Artischocken vierteln, in feine Scheiben schneiden und sofort in Zitronenwasser einlegen, damit sie nicht schwarz anlaufen.

~ Die Kartoffeln schälen und in 1 cm dicke Scheiben schneiden. In einer Bratpfanne den Knoblauch im Olivenöl andünsten. Die Kartoffeln abwechselnd mit den Artischocken hineingeben und kurz andünsten. Danach etwas heisses Wasser zugeben, zum Kochen bringen und das Gemüse etwa 30 Minuten schmoren. Portionsweise auf vorgewärmten Tellern anrichten.

Dania serviert dieses Gericht als Beilage oder als vegetarischen Teller.

	Saft von ½ Zitrone
6	Artischocken
4	Kartoffeln, in der Schale gekocht
4	Knoblauchzehen, geschält und gehackt
4 EL	Olivenöl
	Salz, Pfeffer

Puré di patate e zafferano
Kartoffelpüree mit Safran

~ Die Kartoffeln in der Schale kochen, schälen und durch das Passiergerät drehen.

~ In einer Kasserolle die Milch erwärmen und unter das Kartoffelpüree rühren. Die Butter im Wasserbad zergehen lassen und sorgfältig unter die Kartoffelmasse mengen. Salzen und pfeffern.

~ Die Safranfäden in ein Schüsselchen mit warmem Wasser rühren und etwa 15 Minuten ziehen lassen. Dann die Safranfäden mit einem Haarsieb abseihen und das aromatisierte Safranwasser sowie den geriebenen Parmesan unter das Kartoffelpüree mischen. Abschmecken und möglichst warm servieren.

500 g	Kartoffeln
300 ml	Milch
50 g	Butter
1 TL	Safranfäden
3 EL	Parmesan, frisch gerieben
	Salz, Pfeffer nach Bedarf

D O L

DESSERTS

Selbstgebackene Kuchen werden, gerade auf dem Land, noch heute mit Stolz aufgetischt, wenn Besuch kommt. So krönen natürlich auch in der «Chiusa» süsse Köstlichkeiten jedes Mahl oder begleiten aufs feinste den schwarzen Kaffee. Manche überlieferte Rezepte stammen von Hausfrauen aus Montefollonico. Eine andere Variante für ein kulinarisches Finale, die auch Dania gerne pflegt, besteht aus einem Teller Pecorino!

C I

Gelato al caramello

Karameleis

Für 4 bis 5 Personen

Für das Karamel:

100 g Zucker

4 EL heisses Wasser

¼ l Milch

4 Eigelb

¼ l Rahm

~ In einer Chromstahlkasserolle den Zucker für das Karamel auf mittlerer Hitze langsam braun werden lassen. Vorsichtig heisses Wasser zugeben. Die Masse bei mittlerer Temperatur aufkochen, bis sich der Zucker vollständig aufgelöst hat.

~ In einer zweiten Kasserolle die Milch langsam bis zum Siedepunkt erhitzen. Zum Karamel giessen und kurz aufkochen.

~ Die Eigelb mit dem Rahm verrühren. Unter kräftigem Schlagen die Karamelmilch zur Eimasse geben. Die Creme in die Kasserolle zurückgiessen und unter ständigem Schlagen bei mittlerer Hitze bis kurz vor den Kochpunkt bringen. Durch ein Haarsieb in eine Schüssel giessen und völlig erkalten lassen.

~ In eine beschichtete Form füllen und mindestens 4 Stunden im Tiefkühler oder in der Eismaschine gefrieren lassen.

Dazu passen ausgezeichnet selbstgemachte Biskuitteigformen.

~ Den Backofen auf 200 Grad vorheizen.

~ In einer Rührschüssel die Butter schaumig rühren. Nach und nach den Zucker und das Ei dazugeben, dann die Zitronenschale, die Mandeln, das Mehl und eine Prise Salz. Zu einem glatten Teig rühren. Mit bemehlten Händen daraus nussgrosse Kugeln formen.

~ Die Teigkugeln sorgfältig auf einem mit Backpapier belegten Blech zu Kreisen von etwa 15 cm Durchmesser ausrollen. Im vorgeheizten Backofen knapp hellgelb backen. Aus dem Ofen nehmen und, solange sie noch heiss sind, über dem Handrücken muldenartig formen. Auf einem Küchenpapier auskühlen lassen.

~ Zum Anrichten in jede Biskuitform eine Eiskugel geben und nach Wunsch mit Fruchtcoulis garnieren.

	Für das Biskuit:
75 g	Butter
75 g	Zucker
1	grosses Ei
etwas	abgeriebene Zitronenschale
25 g	Mandeln, geschält und sehr fein gemahlen
125 g	Weissmehl
1 Prise	Salz

Parfait al cioccolato

Schokoladenparfait

~ In einer Sauteuse den Zucker mit dem Wasser erhitzen und unter fortwährendem Rühren zu einem ziemlich zähflüssigen Sirup einkochen.

~ In der Küchenmaschine (oder von Hand) die Eigelb schaumig rühren. Den Zuckersirup langsam im Faden (so wie für eine Mayonnaise) einlaufen lassen und darunterrühren.

~ Die Schokolade im Wasserbad schmelzen, bis sie fast flüssig ist. Falls nötig etwas Milch unterrühren.

~ In einer separaten Rührschüssel den Rahm schlagen und mit der Eimasse vermengen. Dann unter stetem Rühren die flüssige Schokolade zugeben und insgesamt 15 Minuten weiterrühren.

~ Im Kühlschrank mindestens zwei Stunden kühl stellen. Portionsweise auf Desserttellern servieren.

150 g	Zucker
50 ml	Wasser
15	Eigelb
300 g	dunkle Schokolade
½ l	Rahm

Torta di fichi caramellati

Karamelisierte Feigentorte

	Teig:
90 g	Butter, zimmerwarm
130 g	Zucker
2	Eier
	abgeriebene Schale von ½ Zitrone
200 g	Mehl
½ Beutel	Backpulver
1 Prise	Salz
	Butter fürs Blech
	getrocknete Bohnen zum Blindbacken
	Füllung:
10 EL	Patisserie- oder Füllcreme (siehe Grundrezept Seite 135)
300 g	frische oder 200 g getrocknete Feigen, klein geschnitten
2 EL	Zucker
2 EL	heisses Wasser
50 ml	Cognac
50 g	Zucker zum Karamelisieren

~ In einer Rührschüssel die Butter mit dem Zucker, den Eiern, der Zitronenschale, dem mit dem Backpulver vermischten Mehl sowie dem Salz rasch zu einem glatten Teig kneten. Eine Kugel formen und zugedeckt im Kühlschrank mindestens 6 Stunden ruhen lassen.

~ Ein Kuchenblech mit Butter auspinseln. Den Backofen auf 220 Grad vorheizen.

~ Den Teig auf einer bemehlten Unterlage ausrollen und das gefettete Kuchenblech damit belegen. Mit einer Gabel mehrmals einstechen und mit einem über den Rand hinausstehenden Backpapier belegen. Die ganze Fläche mit getrockneten weissen Bohnen dicht bedecken. Im Backofen etwa 20 Minuten hellbraun backen. Die Form aus dem Ofen nehmen, die Bohnen und das Backpapier entfernen und den Kuchenboden auskühlen lassen.

~ Die vorbereitete Patisseriecreme gleichmässig darauf verteilen.

~ In einer Kasserolle die Feigen mit dem Zucker, dem heissen Wasser und dem Cognac erhitzen und unter Rühren 5 Minuten köcheln. Abkühlen lassen und gleichmässig auf der Cremeschicht verteilen.

~ Für die Karamelfäden in einer Chromstahlkasserolle den Zucker auf mittlerer Hitze langsam braun werden lassen. Vorsichtig etwas heisses Wasser zugeben. Die Masse bei mittlerer Hitze aufkochen, bis sich der Zucker vollständig aufgelöst hat. Den Karamel mit einem Esslöffel dicht über der Torte hin und her schwenken, so dass er in hauchfeinen Fäden vom Löffel fällt und sich zu einem filigranen Netzwerk verflicht. Mehrmals wiederholen.

~ Die überstehenden Zuckerfäden zuletzt über die Torte schlagen. Erst dann zerschneiden und auf Desserttellern servieren.

Torta di formaggio

Feiner Quarkkuchen

	Für den Tortenboden:
200 g	trockene Butterkekse (z.B. Petit Beurre)
100 g	Butter
2 EL	Zucker
	Für die Füllung:
3	Eier
200 g	Frischkäse
100 g	Zucker
40 g	Weissmehl
½ l	Rahm
	Saft von ½ Zitrone
	abgeriebene Schale von 1 Zitrone

~ Die Biskuits im Cutter fast zu Mehl zerkleinern und in eine Rührschüssel geben.

~ In einer Sauteuse bei mässiger Hitze die Butter zergehen lassen. Die Butter mit dem Zucker zum Biskuitmehl geben, gut damit vermengen und zu einem Teig rühren.

~ Eine Springform von 22 cm Durchmesser mit Butter ausstreichen, mit dem Teig auslegen und eine Weile im Kühlschrank ruhen lassen.

~ Den Backofen auf 150 Grad vorheizen.

~ Für die Füllung Eigelb und Eiweiss trennen. Die Eiweiss zu steifem Eischnee schlagen. Den Frischkäse in kleine Stücke schneiden und mit den Eigelb und dem Zucker zu einer homogenen Masse rühren. Das Mehl, den Rahm, den Zitronensaft und die abgeriebene Zitronenschale daruntermischen und etwa 10 Minuten rühren. Anschliessend den Eischnee sorgfältig darunterziehen und die Masse in die mit dem Teig ausgeschlagene Springform füllen. Die Torte im vorgeheizten Ofen auf mittlerer Höhe 40 Minuten backen.

Castagnaccio

Kastanienkuchen

50 g	Sultaninen
100 ml	Brandy
250 g	Kastanienmehl
1 Glas	lauwarmes Wasser
3 EL	Zucker
2 EL	Olivenöl
100 g	Pinienkerne
	Saft von 2 Mandarinen
1	Rosmarinzweiglein, Blätter abgezupft

~ Die Sultaninen im Brandy über Nacht einweichen, anschliessend abseihen und abtropfen lassen. (Der Brandy kann in einer anderen Süssspeise verwendet werden.)

~ In einer genügend grossen Rührschüssel das Kastanienmehl mit dem Wasser vermengen. Den Zucker, einen Esslöffel Olivenöl, die Pinienkerne, den Mandarinensaft und die abgetropften Sultaninen zugeben. Alles gut miteinander vermischen.

~ Den Backofen auf 150 Grad vorheizen. Die Masse in eine antihaftbeschichtete Backform füllen. Mit dem restlichen Olivenöl beträufeln und mit den Rosmarinnadeln bestreuen. Im vorgeheizten Backofen etwa 30 Minuten backen.

Dania erinnert sich: «In meinem Elternhaus wurde dieser Kastanienkuchen lauwarm mit einem Löffel frischer Ricotta serviert.»

Crostata della Marina

Marinas Mürbeteigkuchen

200 g	Weissmehl
80 g	Zucker
100 g	Butter, in Stücke zerteilt
1	Ei
	abgeriebene Schale von 1 Zitrone
150 g	Zwetschgen-, Orangen- oder Brombeermarmelade
	etwas Butter zum Ausfetten der Form

~ Das Mehl, den Zucker, die Butterstückchen, das Ei und die abgeriebene Zitronenschale rasch zu einem Teig kneten. Den Teig nicht lange kneten, sondern sofort in Haushaltfolie wickeln und etwa 1 Stunde im Kühlschrank ruhen lassen.

~ Inzwischen eine Kuchenform von etwa 20 cm Durchmesser ausbuttern. Den Backofen auf 150 Grad vorheizen. Den Teig kreisrund etwa 2 cm dick auswallen und die Kuchenform damit belegen. Mit einer Gabel mehrmals einstechen. Aus den Teigresten 2 bis 3 cm breite Streifen schneiden.

~ Nun die Marmelade ebenfalls etwa 2 cm hoch möglichst gleichmässig flach auf dem Teigboden ausstreichen. Kreuzweise mit den Teigstreifen belegen und diese ebenfalls einige Male einstechen.

~ Den Kuchen ungefähr 25 Minuten im vorgeheizten Ofen backen.

Dania dazu: «Ich esse diesen Kuchen gerne lauwarm, weil man dann die Butter weniger schmeckt.»

Tegoline

Mandelgebäck

150 g	Butter, in Stückchen
400 g	Zucker
150 g	Weissmehl
150 g	geschälte Mandeln, im Cutter fein gehackt
	Saft von 2 Orangen
	abgeriebene Schale von 2 Orangen

~ Die Butter in einer Sauteuse zergehen lassen.

~ In einer Rührschüssel den Zucker mit dem Mehl vermengen. Die Mandeln, den Orangensaft und die abgeriebene Orangenschale zugeben. Zuletzt die flüssige Butter darunterrühren und alles gut vermengen. Eine halbe Stunde im Kühlschrank ruhen lassen.

~ Inzwischen den Backofen auf 150 Grad vorheizen.

~ Ein Schüsselchen mit warmem Wasser, eine Gabel und ein mit Backpapier belegtes Backblech bereitstellen. Den Teig aus dem Kühlschrank nehmen und mit einem Teelöffel kleine Portionen im Abstand von etwa 15 cm auf das Backpapier geben. Jede Portion mit der Gabel auseinanderziehen (deshalb ist der grosse Abstand zwischen den einzelnen Portionen wichtig!), bis eine fast durchsichtige Schicht entstanden ist.

~ Das Backblech auf mittlerer Höhe in den vorgeheizten Backofen schieben und die Plätzchen kurz backen. Nach 4 bis 5 Minuten kontrollieren – sobald die Plätzchen goldbraun sind, das Blech aus dem Backofen nehmen und die Plätzchen darauf etwas auskühlen lassen. Dann die noch recht warmen Plätzchen über ein bereitgelegtes Wallholz legen und sie sanft auf die Rundung drücken. Auf dem Wallholz auskühlen lassen; wenn sie ausgekühlt sind, lassen sie sich problemlos wegnehmen.

Von diesem Biskuit bäckt Dania jeweils eine grössere Portion aufs Mal, weil das filigrane, knusprige Konfekt sofort geniessbar ist, in einer luftdicht verschliessbaren Konfektdose oder Blechschachtel jedoch auch mehrere Tage aufbewahrt werden kann.

Torta di mele al Calvados

Apfelkuchen mit Calvados

125 g	Butter
125 g	Zucker
250 g	Weissmehl
2	Eier
4 EL	Milch
50 ml	Calvados
	abgeriebene Schale von 1 Zitrone
10 g	Trockenhefe
3	Äpfel
2 EL	Zucker

~ In einer Rührschüssel die Butter mit dem Zucker cremig rühren. Das Mehl, die Eier, die Milch, den Calvados, die abgeriebene Zitronenschale und die Hefe einrühren.

~ Die Äpfel schälen, das Kerngehäuse entfernen. Die Äpfel in feine Scheiben schneiden, in eine Schüssel geben und mit dem Zucker bestreuen.

~ Den Backofen auf 160 Grad vorheizen.

~ Den Teig in eine runde Springform von 22 cm Durchmesser geben und die Apfelscheiben kreisförmig darauf anordnen. Den Kuchen etwa 40 Minuten im vorgeheizten Ofen backen.

Tegoline

Biscottini della Toscana

Cantucci alla moda di Dania – Toskanische Biskuits

250 g	Mandeln, mit der Schale
8 g	Trockenhefe (1 Beutel)
500 g	Weissmehl
3	Eier
3	Eigelb
500 g	Zucker
	abgeriebene Schale von 1 Zitrone
	abgeriebene Schale von 1 Orange
1 Prise	Salz
1	Ei und etwas Milch zum Bepinseln

«Cantucci» sind in der Toskana ein Muss als Nachspeise oder als Gebäck zu Tee oder Kaffee. In Vin Santo, den süssen toskanischen Dessertwein, getunkt, munden sie ganz besonders. So vermählt sich das Aroma des Mandelgebäcks aufs vorzüglichste mit der Süsse der vollreifen, getrockneten und erst dann gekelterten Trauben. Das Originalrezept zu den «Cantucci» stammt aus Prato, einer Kleinstadt in der Nähe von Florenz. Noch heute werden sie in der Pasticceria Mattei nach einer alten, überlieferten Rezeptur gebacken und in den traditionellen blauen Tüten mit der zierlichen grünen Verschnürung verkauft.

Danias Abwandlung fusst auf dem überlieferten Rezept, das sie allerdings etwas abgeändert hat. Während die Original-Cantucci länglich sind, formt sie aus dem Teig zierliche, runde Minibiskuits, wie sie für Dania nicht typischer sein könnten.

~ Den Backofen auf 160 Grad vorheizen. Die Mandeln auf einem Backblech ausbreiten und etwa 5 Minuten im Backofen rösten.

~ Die Hefe in etwas Wasser auflösen. Das Mehl im Sturz auf ein Teigbrett schütten und eine kleine Mulde formen. Eier und Eigelb mit einer Gabel hineingeben und mit dem Mehl vermengen. Dann die Mandeln, den Zucker, die abgeriebene Zitronen- und Orangenschale, eine Prise Salz und die Hefe dazugeben und alles zu einem Teig kneten. So lange kneten, bis die Mandeln ganz in der Masse haften bleiben. Die Teigmasse dritteln und aus jedem Teil eine längliche Rolle von etwa 2 cm Durchmesser formen.

~ Ein Backblech mit Butter bestreichen, die Teigrollen nebeneinander darauflegen und im vorgeheizten Backofen etwa 20 Minuten backen.

~ Inzwischen das verbleibende Ei mit etwas Milch verquirlen. Das Backblech aus dem Ofen nehmen und die Biskuitrollen damit bepinseln. Nochmals etwa 10 Minuten backen. Dann herausnehmen, auf ein Schneidbrett legen und jede Rolle schräg in 2 cm dicke Scheiben schneiden.

I cenci della Jolanda

Jolandas Hefegebäck

300 g	Weissmehl
2	Eier
2 EL	Zucker
100 ml	Rum
1 Prise	Salz
100 g	Butter, zimmerwarm, in kleine Stücke zerteilt
½ Briefchen	Trockenhefe (5 g)
100 ml	lauwarme Milch
1 l	Fritieröl
	Puderzucker zum Bestreuen

~ Das Mehl im Sturz auf einTeigbrett schütten. Eine kleine Mulde in die Mitte drücken und darin die Eier, den Zucker, den Rum und das Salz mit einer Gabel verquirlen. Dann mit dem Mehl vermengen. Die Butter, die Hefe und die lauwarme Milch beifügen und alles kräftig verkneten, bis der Teig elastisch ist.

~ Den Teig zu einer ½ cm dicken Platte ausrollen und diese in Quadrate oder Rhomben von etwa 10 cm Seitenlänge schneiden.

~ In der Friteuse oder in einer genügend hohen Kasserolle das Öl erhitzen und die «Cenci» darin ausbacken. Auf saugfähigem Papier ausbreiten und auskühlen lassen. Mit Puderzucker bestreuen.

Schiacciata alla fiorentina della Sara

Saras Fladen nach Florentiner Art

- 3 Eier
- 15 gestrichene EL Zucker
- 15 EL Milch
- 15 EL Olivenöl
- abgeriebene Orangenschale von 2 Orangen
- 30 EL Mehl
- 1 Päckchen Backpulver
- 20 g Puderzucker

Die «Schiacciata» ist eines der traditionellen toskanischen Rezepte, das seit jeher in dieser Form mündlich weitergegeben wurde. Die Anzahl verwendeter Esslöffel ist überlieferte Tradition!

~ Den Backofen auf 170 Grad vorheizen.

~ In einer grossen Rührschüssel die Eier mit dem Zucker cremig rühren. Die Milch, das Olivenöl und die abgeriebene Orangenschale dazurühren. Kräftig vermengen, zuletzt das mit dem Backpulver vermischte Mehl zufügen und nochmals kräftig rühren.

~ Sofort in eine etwa 4 cm hohe und 30 cm lange rechteckige beschichtete Backform füllen und den Fladen etwa 30 Minuten im vorgeheizten Ofen backen. Aus dem Ofen nehmen, auskühlen lassen und mit Puderzucker bestreuen

Danias Vorschlag: Der Kuchen schmeckt auch ausgezeichnet mit Schlagrahm oder Schokoladencreme garniert!

Panella con l'uva

Traubenbrot

- 1 kg Hefe-Weissbrotteig (beim Bäcker vorbestellen)
- 4 EL Olivenöl
- 2 kg blaue Trauben
- 100 g Zucker

~ Den Backofen auf 160 Grad vorheizen.

~ Das Olivenöl in den Brotteig einarbeiten. Die Hälfte davon in eine beschichtete Springform von etwa 22 cm Durchmesser füllen. Den Teig mit einer Gabel mehrmals einstechen.

~ Die Traubenbeeren auf dem Teig verteilen und mit dem verbliebenen Teig bedecken. Die Ränder benetzen und von Hand zusammendrücken. Die Oberfläche mit dem Zucker bestreuen.

~ Das Brot etwa 30 Minuten im vorgeheizten Ofen backen.

Prugne per servire con formaggio

Zwetschgen mit Pecorinokäse

~ Die Zwetschgen mit einem feuchten Tuch abreiben.

~ Den Zucker in eine Chromstahlkasserolle geben, mit dem Wasser auffüllen, zum Kochen bringen und köcheln lassen, bis der Zuckersirup als Tropfen vom Löffel fällt. Die Zwetschgen zugeben und etwa 10 Minuten im Zuckersirup pochieren.

~ Die Zwetschgen in Sterilisiergläser füllen, mit dem Sirup bedecken und etwa 15 Minuten in kochendem Wasser sterilisieren.

~ Diese Zwetschgen werden als süsse Häppchen zwischendurch oder als rezente Nachspeise mit Pecorinokäse genossen.

2 kg	reife Zwetschgen
800 g	Zucker
700 ml	Wasser

Liquore di citronella

Verveinelikör

~ Frische Eisenkrautblätter werden gewaschen und gut getrocknet. Bei uns sind sie auch in der Drogerie erhältlich.

~ Die Eisenkrautblätter mit dem Alkohol, dem Wasser und dem Zucker vermengen und in ein fest verschliessbares Glas oder eine Flasche füllen. Die verschlossene Flasche soll dann an schön besonnter Stelle etwa 2 Tage ruhen. Danach an einem dunklen Ort weitere 15 Tage ruhen lassen, anschliessend abfiltieren und die Flüssigkeit in eine Likörflasche umfüllen.

~ Dieser Likör ist verdauungsfördernd und der Genuss deshalb nach den Mahlzeiten empfehlenswert.

100	Eisenkrautblätter (Verveine) (etwa 3 Handvoll)
350 ml	Alkohol für Likör (unvergällter Alkohol)
400 ml	Wasser
450 g	Zucker

Liquore di pesca

Pfirsichlikör

~ Alle Zutaten miteinander vermengen. In eine fest verschliessbare Flasche füllen und an einem dunklen, kühlen Ort 40 Tage ruhen lassen.

~ Anschliessend filtrieren und in Likörflaschen umfüllen.

100	Pfirsichbaumblätter (etwa 3 Handvoll)
	abgeriebene Schale von 2 Zitronen
700 ml	guter trockener Weisswein
300 ml	Alkohol für Likör (unvergällter Alkohol)
4	reife weisse Pfirsiche, ungeschält in kleine Stücke geschnitten
200 g	Zucker

Käseproduktion und Technik

zwischen Handwerk

Wenn in der «Chiusa»-Küche auf ein einheimisches Produkt keinesfalls verzichtet werden kann, ist es die Ricotta. Schmelzend zarten Raviolifüllungen verleiht die quarkähnliche Substanz ihre Leichtigkeit, und als schaumiger Aromaträger krönt sie die pikanten «Pappardelle Dania» und mildert angenehm die Schärfe der Peperoncini. Von ebensolcher Bedeutung ist der Pecorino, der Schafkäse, bei dessen Produktion die Ricotta als Nebenprodukt anfällt. In der Verwendung unterscheiden sich die beiden «Verwandten» jedoch grundlegend. Während die Ricotta als Frischkäse auch im Kühlschrank nicht lange aufbewahrt werden kann, erhält der Pecorino Reife und Geschmack erst durch die Lagerung.

Seit vielen Jahren bezieht Dania diese Spezialitäten von der nahe gelegenen Käserei der Geschwister Putzulu, deren Ruf für einen herausragenden Pecorinokäse inzwischen über die Landesgrenzen hinaus gedrungen ist. Sie führen ihren Betrieb in einem traditionellen toskanischen Gehöft hinter rustikalem Steingemäuer, aber mit modernsten Apparaten. Riesige Chromstahltanks auf dem Vorplatz dokumentieren den zeitgemässen Ausbau des Betriebs. Für diesen sind sie wohl unverzichtbar, auch wenn sie dem malerischen Aspekt der hier ansonsten noch vollkommen intakten toskanischen Landschaft nicht eben zuträglich sind.

Im Käsereibetrieb selbst ist Hygiene oberstes Gebot. Labors gleich sind die Produktionsräume weiss gekachelt. Elektronisch überwachte Apparaturen werden eingesetzt, um die angestrebte Käsequalität zu garantieren, immer jedoch eingebettet in die überlieferten Handwerksmethoden der ursprünglichen Käseproduktion.

Die frisch gemolkene Schafsmilch wird täglich aus der umliegenden Gegend angeliefert, sie kommt in die erwähnten blankpolierten Chromstahltanks und wird noch gleichentags zu Pecorino, dem typischen Käse der Toskana, verarbeitet. Die dabei anfallende Molke, eine wässrige, fettarme, aber eiweissreiche Flüssigkeit, ist die Grundsubstanz für die Ricotta. Sie wird in blanken Chromstahlwannen aufgeschäumt und dabei auf 70 Grad erhitzt. Anschliessend wird sie von emsigen Mitarbeiterinnen von Hand in die bereitstehenden Portionensiebe abgeschöpft, aus denen aus der «Ri-cotta», der «Aufgekochten», noch so lange Flüssigkeit abtropft, bis die gewünschte samtig-sämige Konsistenz erreicht ist, die dann Teigwarenfüllungen, Saucen und Cremen die zartschmelzende Leichtigkeit verleiht.

Während die Ricotta frisch am köstlichsten mundet, wird Pecorinokäse unterschiedlich lange gelagert. Auch er durchläuft bis zum essreifen Stadium verschiedene vollautomatisierte, aber auch handwerkliche Prozesse. Bereits vorgeformt, macht er in der «camera calda» (im warmen Raum), wo die Raumtemperatur konstant zwischen 28 und 30 Grad gehalten wird, eine Gärung durch. Wenn der richtige Säuregehalt erreicht ist, kommen die noch schneeweissen, handtellergrossen Laibe in den Kühlraum. Bei einer Temperatur von 7 bis 8 Grad lagern sie hier, auf lange, übereinanderliegende Bretter gereiht. Ab und zu werden sie gewendet, damit sie gleichmässig reifen und ihre endgültige Form bekommen, bevor sie von Hand gewaschen und auf hohen, fahrbaren Regalen in die Lagerräume geschoben werden.

Pecorino gelangt in drei Reifestadien in den Handel. «Pecorino fresco», der frische Pecorinokäse, darf etwa eine Woche alt sein und wird meist als kleiner, runder Laib verkauft. Etwa eine Woche älter ist der «Pecorino giovane», der «junge Pecorino», der bereits etwas an Aroma und Festigkeit zugelegt hat und dessen noch glatte Rinde häufig eine rötliche Tönung hat, die von der Behandlung mit Tomaten herrührt. Am längsten wird der «Pecorino stagionato» oder «vecchio» vor dem Verkauf gehätschelt. Er wird bis zu zwei Jahren lang in verschieden klimatisierten Räumen gelagert und regelmässig kontrolliert, bis er zum rezenten und eher trockenen Hartkäse gereift ist. Auch er wird manchmal mit Tomaten eingerieben, was der Rinde eine rötlich-bronzene Farbe verleiht, oder mit Asche, wodurch er eine dunkelgraue, angejahrte Farbe erlangt.

Dania, begeisterte Anhängerin von Ricotta wie von Pecorino für ihre Küche, bezieht die Ricotta in der Regel täglich frisch ab Produktion. Den Pecorino beschafft sie sich als «Pecorino fresco», also ebenfalls recht frisch, und lagert ihn in den eigenen Räumen bis zu der für ihre Rezepte perfekten Reife. Natürlich serviert sie ihn auch als rezenten Dessertkäse, gewürzt mit ein paar Tropfen Olivenöl. Es fällt ihr manchmal aber noch mehr dazu ein.

VAL PERINO
"VAL PERINO" s.a.s.
Tel. 0761/450829 - 450792 - VITERBO

Le miei ricE

Meine persönlichen Rezepte

Hier lässt sich Dania hinter die Kulissen schauen. Diese Rezepte entstanden als besondere Kreationen für einen speziellen Anlass oder als einfache Gerichte, die sie ganz alltäglich auf den häuslichen Tisch bringt. Die dann trotzdem eine gewisse Raffinesse nicht verleugnen können – Danias Raffinesse eben …

TTE PERSONALI

Centro tavolo

Tischdekoration

Im Sommer, wenn es rund um die «Chiusa» in allen erdenklichen Farben blüht, kann es schon vorkommen, dass sich Dania die Zeit nimmt, um übers Land zu gehen und mit einem Blumenstrauss für einen speziellen Anlass nach Hause zu kommen. Daraus entsteht dann diese poetische Tischdekoration, und es erstaunt nicht, dass die Gäste jeweils hingerissen sind!

~ Eine Kartonunterlage von ca. 40 x 60 cm (oder einem individuellen Mass) besorgen und mit einem Backpapier belegen.

~ Blumenblüten und -blätter je nach Saison in verschiedenen Farben pflücken; wenn es die Saison erlaubt, auch reife Beeren und Früchte dazu assortieren. Die Blüten von den Stielen zupfen und die Kartonfläche dicht damit bedecken. Das «Centro tavolo» lässt sich auch nur aus Früchten oder aus Blütenblättern und Früchten zusammenstellen; wichtig ist, dass alles dicht aneinander, eventuell sogar übereinander gelegt wird, damit von der Kartonunterlage nichts mehr zu sehen ist.

~ In einer genügend grossen Kasserolle 1 kg Zucker schmelzen, bis er zähflüssig und leicht goldbraun wird. Leicht abkühlen lassen und mit einer Gabel die Tischdekoration mit langen Zuckerfäden überziehen (siehe Rezept «Torta di fichi caramellati», Seite 108).

Es gibt Blüten, die geniessbar sind und köstlich schmecken, zum Beispiel Ringelblumen (Calendula), Veilchen, Rosenblätter, Pfefferminz- und Melissenblüten und -blätter. Sie eignen sich natürlich ganz besonders für diese Tischdekoration, weil die Gäste, wenn sie sich sattgesehen haben, oft genüsslich von der bunten Pracht zu naschen beginnen.

Avanzi da un pezzo di roastbeef: Un carpaccio con verdure piccanti

Carpaccio aus Roastbeef mit pikant marinierten Gemüsen

~ Das Olivenöl und den Balsamicoessig zusammenrühren, salzen und pfeffern. Das gartenfrische Gemüse klein schneiden und in eine flache Schüssel schichten. Die Marinade darübergeben und das Gemüse etwa 1 Stunde marinieren. Das Gemüse mehrmals mit der Marinade beträufeln.

~ Den Fleischrest in möglichst feine Scheiben von 3 bis 4 mm Dicke schneiden. Je drei bis vier Scheiben auf einem flachen Teller anrichten, das marinierte Gemüse darauf verteilen und mit der restlichen Marinade beträufeln.

4 EL	Olivenöl extra vergine
2 EL	Balsamicoessig
	verschiedene gartenfrische Gemüse wie:
2 Stengel	Stangensellerie
2	Karotten
2	dünne Zucchini
2	Tomaten, enthäutet, entkernt und gewürfelt
1	Frühlingszwiebel, in Scheiben geschnitten
2	Knoblauchzehen, geschält, in Scheiben geschnitten
ca. 300 g	gebratenes Roastbeef oder
300 g	gekochte Rinderbrust
	Salz, Pfeffer aus der Mühle

Pane con olive nere, acciughe e pecorino

Pikantes Brot mit schwarzen Oliven, Sardellen und Pecorinokäse

50 g	Butter
40 g	Hefe
etwas	lauwarmes Wasser
500 g	Weissmehl
2	Eier
⅛ l	Milch
25 g	feiner Zucker
1 Prise	Salz
150 g	schwarze Oliven (ohne Kerne), in feine Scheiben geschnitten
50 g	Pecorino, frisch gerieben
5	Sardellenfilets ohne Gräten, in kleine Stückchen zerteilt

~ Die Butter aus dem Kühlschrank nehmen, in Stücke schneiden und weich werden lassen. Die Hefe in etwas lauwarmem Wasser auflösen und bereitstellen.

~ In einer Rührschüssel das Mehl mit den Eiern, der Milch, der Butter, dem Zucker und der Prise Salz zu einem Teig rühren. Die gescheibelten Oliven, den frisch geriebenen Pecorino und die Sardellenfilets zugeben und ebenfalls in den Teig einarbeiten. Die aufgelöste Hefe dazugeben und weiterkneten.

~ Den Teig nach Wunsch formen – sei es länglich, zu einem Zopf oder in eine andere Phantasieform (bei Dania wäre es natürlich ein Herz!). Ein Backblech mit Backpapier belegen und den Teig darauf gehen lassen (bei warmer Raumtemperatur ca. 1 Stunde, bei kühlerer Raumtemperatur ca. 2 Stunden).

~ Den Backofen auf 150 Grad vorheizen. Das Brot auf mittlerer Höhe etwa 45 Minuten backen.

Aceto al dragoncello

Estragonessig

~ Den Weinessig zusammen mit allen übrigen Zutaten in eine fest verschliessbare Flasche füllen und diese verschliessen. Etwa einen Monat an einem kühlen, dunklen Ort ruhen lassen.

~ Dann filtrieren und in eine saubere Flasche füllen.

~ Dieser spezielle Essig schmeckt besonders gut zu Sommersalaten. Er eignet sich auch sehr gut dazu, ein Stück gekochtes, aufgeschnittenes Siedfleisch zu würzen.

2 l	weisser Weinessig von guter Qualität
1 grosses Bund	Estragon
1	Schalotte, fein gehackt
10	Pfefferkörner
1	Peperoncino
1 Handvoll	frische Rosenblätter, hellrosa oder gelb, möglichst duftend

Nocino

Walnusslikör

3 kg	grüne Walnüsse
	abgeriebene Schale von 4 Zitronen
2 l	Alkohol für Likör (unvergällter Alkohol)
400 g	Zucker
1 l	Wasser

Die Walnüsse für diesen Likör müssen vor dem 24. Juni geerntet werden. Das ist zwar ein mystisches Datum – das Johannisfest, die Sonnenwende –, tatsächlich sind die Nüsse zu diesem Zeitpunkt jedoch noch nicht ganz ausgereift und haben noch keine harte Schale gebildet, was für diese Zubereitung absolut unabdinglich ist. Wer sich am «Nocino» versuchen will, tut gut daran, für diese Arbeit Küchenhandschuhe zu tragen, um verfärbte Hände zu vermeiden. Es werden hermetisch verschliessbare Flaschen mit weitem Hals benötigt.

~ Die grünen Schalen der Walnüsse entfernen. Mit einem Hammer die noch weichschaligen Nüsse leicht zerquetschen. Danach zusammen mit der abgeriebenen Zitronenschale und dem Alkohol in eine Flasche mit weitem Hals füllen. Rund 50 Tage an einem dunklen, kühlen Ort ziehen lassen. Dann filtrieren und den aromatisierten Alkohol in eine saubere Flasche mit weitem Hals umfüllen. Die Nüsse ebenfalls in ein grosses, sauberes Glas umfüllen.

~ In einer Sauteuse den Zucker mit dem Wasser aufkochen und fast karamelisieren lassen. Zum aromatisierten Alkohol giessen und die beiden Flüssigkeiten durch Schütteln gut vermischen. Die Nüsse zugeben und das Gefäss fest verschliessen.

~ An einem dunklen, kühlen Ort weitere 20 Tage ruhen lassen. Danach die Nüsse auf einem Sieb abtropfen lassen. Die Flüssigkeit weitere zwei bis drei Mal hintereinander filtrieren und zuletzt in hübsche Likörflaschen umfüllen.

Fichi caramellati

Karamelisierte Feigen

500 g	feiner Zucker
300 ml	Weissweinessig
1 kg	Feigen, gewaschen, ganz
	abgeriebene Schale von 2 Zitronen
	Brandy

Zu dieser Süsspeise eignen sich nicht ganz ausgereifte Feigen besonders gut. Man braucht dazu fest verschliessbare Gläser mit weitem Hals.

~ In einer Sauteuse den Zucker im Essig auflösen. Sobald er flüssig ist, die Feigen und die abgeriebene Zitronenschale zufügen. Aufkochen und bei mittlerer Hitze etwa 40 Minuten weiterköcheln lassen, bis die Flüssigkeit etwas eingekocht ist.

~ Die Feigen einzeln aus der Sauteuse in ein Sieb geben und in hermetisch verschliessbare Gläser füllen. Mit dem restlichen Sirup nahezu auffüllen. Zuletzt mit Brandy auffüllen und verschliessen. Bis zum Gebrauch an einem dunklen, kühlen Ort ruhen lassen.

RICETTE

GRUNDREZEPTE

In jeder professionellen Küche brodelt es allmorgendlich schon früh in verschiedenen Töpfen, wird zugerüstet und vorbereitet. Es werden Grundteige geknetet und Grundsaucen gekocht, die später in verschiedenen Gerichten Verwendung finden. In der «Chiusa» sind es auf jeden Fall immer die Tomaten- und die Béchamelsauce, die täglich frisch zubereitet werden, ebenso wie die verschiedenen Nudelteige.

D I   B A S E

Tomatensauce

¼ l	Olivenöl extra vergine
1 kg	reife Tomaten, gewürfelt
5	mittelgrosse Karotten, fein gehackt
3	Selleriestangen, fein gehackt
2	mittelgrosse Zwiebeln, fein gehackt
1 Sträusschen	Basilikum, fein gehackt
1 Prise	Zucker
	Salz, Pfeffer

~ In einer Kasserolle das Olivenöl mit dem vorbereiteten Gemüse, den Kräutern, Salz, Pfeffer und Zucker langsam aufkochen. Die Hitze reduzieren und bei kleiner Temperatur bis zur gewünschten Konsistenz einkochen. Vom Herd nehmen, etwas abkühlen lassen und zweimal durch ein Passiersieb streichen.

Falls nicht die ganze Menge benötigt wird, kann ein Rest 2 Tage im Kühlschrank aufbewahrt werden.

Béchamelsauce

Für ½ l Sauce

35 g	Butter
30 g	Mehl
600 ml	Milch
1	kleine Zwiebel
1	Lorbeerblatt
1 Prise	Salz

~ In einer Kasserolle die Butter schmelzen, das Mehl zugeben und unter stetem Rühren bei schwacher Hitze anschwitzen, bis es goldgelb wird. Die kalte Milch nach und nach unter fortwährendem Rühren zugeben. Langsam aufkochen lassen. Die Zwiebel und das Lorbeerblatt zugeben. Die Temperatur reduzieren und etwa 15 Minuten bei kleinster Hitze köcheln lassen. Gelegentlich umrühren, damit die Sauce nicht anbrennt. Abschmecken und durch ein Sieb passieren.

Wird nur eine sehr kleine Menge zum Binden einer Sauce benötigt, kann die Béchamelsauce durch Mehlbutter (Beurre manié) ersetzt werden. Dazu wird Butter und Mehl im Gewichtsverhältnis 2:3 verwendet. Mehl und Butter mit einer Gabel sehr gut vermengen und kalt stellen. Zum Binden die Mehlbutter stückchenweise in die heisse Flüssigkeit einrühren. Nie kochen lassen.

Nudelteig

300 g	Mehl, wenn möglich Hartweizendunst
3	Eier
1 EL	Olivenöl
½ TL	Salz

~ Das Mehl auf ein Teigbrett häufen und in der Mitte eine Mulde bilden. Eier, Öl und Salz hineingeben, mit einer Gabel mischen und nach und nach Mehl dazurühren. Dann mit den Händen von der Mitte her weiter Mehl dazukneten, bis alles Mehl eingearbeitet ist und ein glatter Teig entsteht. Den Teig teilen, zu zwei Kugeln formen, diese nochmals durchkneten und zugedeckt 20 Minuten ruhen lassen.

~ Die Teigkugeln nochmals halbieren. Auf dem bemehlten Teigbrett portionsweise ganz dünn ausrollen und in die gewünschten Formen schneiden.

~ Den noch nicht verarbeiteten Teig immer mit einer umgedrehten Schüssel zudecken, damit er nicht antrocknet.

Patisseriecreme (Konditorcreme)

¼ l	Milch
	je nach gewünschtem Aroma 1 Stück Zitronenschale (ungespritzt) oder ½ Vanillestengel, der Länge nach aufgeschnitten
3	Eigelb
75 g	Zucker
20 g	Maisstärke

~ In einer Kasserolle die Milch zusammen mit der Zitronenschale oder dem Vanillestengel langsam bis vor den Siedepunkt erhitzen.

~ In einer grossen Rührschüssel die Eigelb und den Zucker verquirlen, bis die Masse cremig und weisslich ist. Nach und nach unter ständigem Rühren die heisse Milch zufügen. In die Kasserolle zurückgeben und unter fortwährendem Rühren bei mittlerer Hitze nochmals bis vor den Siedepunkt bringen.

~ Vom Herd nehmen, die Zitronenschale oder den Vanillestengel entfernen und abkühlen lassen. Damit sich keine Haut bildet, die Oberfläche mit etwas zerlassener Butter bepinseln.

Rezeptverzeichnis
nach italienischen Bezeichnungen

Antipasti
Bruschetta al tartufo nero 16
Carciofi ripieni 19
Carpaccio da un pezzo di roastbeef con verdure piccanti 125
Fiore di zucchino farcito 20
Frittata alla moda di zia Gina 17
Pizzettina 22
Torta di patate con tartufo nero 23

Zuppe
Farinata di cavolo nero 32
Minestra di fagioli e pescatrice 61
Pappa col pomodoro 34
Zuppa di fagioli e farro 30
Zuppa di lenticchie 34
Zuppa di porri e patate 33
Zuppa di testa della Mamma Lidia 59

Primi piatti
Conchigliette con cipolla fresca e piccoli zucchini 43
Gnocchi di funghi porcini 50
Pappardelle bianche «Dania» 42
Pici alle fave e asparagi 48
Ravioli al tartufo nero 47
Rigatoni con melanzane e basilico ai profumi di primavera 44
Risotto al vino Nobile o Brunello 52
Risotto allo zafferano e carciofi 54
Risotto del orto 53

Pesce e frutti di mare
Carciofi di mare 60
Carpaccio di dentice marinato all'aceto balsamico 67
Coquilles St-Jacques saltate in padella 64
Cozze ripiene della nonna Ada 58
Filetto di branzino alla pizzaiola 66
Minestra di fagioli e pescatrice 61
Polipo prezzemolato con orzo 65
Scampi con zucchini e carciofi 62
Zuppa di testa della Mamma Lidia 59

Sorbetti
Sorbetto al rosmarino 74
Sorbetto all'uva rossa 76
Sorbetto di arancia e vodka 76
Sorbetto di ciliege 75

Carne
Agnello in fricassea 80
Anitra al finocchio selvatico 84
Coniglio marinato alla moda di Dania 82
Fagiano alle cipolle e brandy 90
Frittata da bollito 91
Insalata di oca 83
Insalata di trippa 86
Piedino di maiale allo zafferano 91
Pollo alla contadina 87
Polpettine di casa 88
Polpettone della fosca 88

Contorni
Carciofi e patate 103
Fagioli all'uccelletto 98
Melanzane alla parmigiana 100
Peperoni arrostiti all'aceto balsamico 98
Pisellini, prezzemola e rigatino 99
Pomodoro farcito 100
Puré di patate e zafferano 103
Sformato di patate, pinoli e semi di papavero 102

Dolci
Biscottini della Toscana 114
Castagnaccio 111
Crostata della Marina 111
Fichi caramellati 130
Gelato al caramello 106
I cenci della Jolanda 115
Pane con olive nere, acciughe e pecorino 126
Panella con l'uva 116
Parfait al cioccolato 107
Prugne per servire con formaggio 117
Schiacciata alla fiorentina della Sara 116
Tegoline 112
Torta di fichi caramellati 108
Torta di formaggio 110
Torta di mele al calvados 112

Aceto al dragoncello 127
Liquore di citronella 117
Liquore di pesca 117
Nocino 128

Centro tavolo 124

Rezeptverzeichnis

nach deutschen Bezeichnungen

Vorspeisen
Artischocken, gefüllte 19
Brotscheiben, geröstete, mit schwarzer Trüffel 16
Carpaccio aus Roastbeef mit pikant marinierten Gemüsen 125
Kartoffelgratin 23
Omelette nach Tante Ginas Art 17
Pizze, kleine 22
Zucchiniblüten mit Ricottafüllung 20

Suppen
Bohnensuppe mit Fisch 61
Dinkelsuppe mit Bohnen 30
Fischsuppe nach Mama Lidias Art 59
Lauch-Kartoffel-Suppe 33
Linsensuppe 34
Schwarzkohlbrei 32
Tomatenmus 34

Pasta und Risotto
Bandnudeln, weisse, an Danias pikanter Sauce 42
Gnocchi, Steinpilz- 50
Ravioli mit schwarzer Trüffel 47
Rigatoni mit Auberginen und Basilikum 44
Risotto, Frühlings- 53
Risotto, Rotwein- 52
Risotto, Safran-, mit Artischocken 54
Spaghetti, handgerollte, an Bohnen-Spargel-Sauce 48
Teigwarenmüschelchen mit Frühlingszwiebeln und jungen Zucchini 43

Fische und Meeresfrüchte
Artischocken, mit Meeresfrüchten gefüllt 60
Bohnensuppe mit Fisch 61
Fisch-Carpaccio, mit Balsamicoessig mariniert 67
Fischsuppe nach Mama Lidias Art 59
Jakobsmuscheln aus der Pfanne 64
Miesmuscheln, gefüllte, nach der Art von Grossmutter Ada 58
Riesenscampi mit Zucchini und Artischockenblättern 62
Tintenfisch mit Petersilie und Rollgerste 65
Wolfsbarsch nach Art der Pizzabäckerin 66

Sorbets
Kirschensorbet 75
Orangen-Wodka-Sorbet 76
Rosmarinsorbet 74
Sorbet aus blauen Trauben 76

Fleisch
Ente mit wildem Fenchel 84
Fasan mit Zwiebeln und Brandy 90
Gänsefleischsalat 83
Hackbällchen nach Art des Hauses 88
Hackbraten 88
Kaninchenrücken, mariniert, nach Danias Art 82
Kuttelsalat 86
Lammfrikassee 80
Poulet nach Bäuerinnenart 87
Schweinsfüsschen an Safransauce 91
Siedfleisch-Omelette 91

Beilagen
Artischocken mit Kartoffeln 103
Auberginen, gebackene, mit Parmesan 100
Bohnenbeilage 98
Erbsen, frische, mit Petersilie und Speckwürfelchen 99
Kartoffelflan mit Pinienkernen und Mohnsamen 102
Kartoffelpüree mit Safran 103
Paprikaschoten, geröstete, mit Balsamicoessig 98
Tomaten, gefüllte überbackene 100

Desserts
Apfelkuchen mit Calvados 112
Biskuits, Toskanische 114
Brot, pikantes, mit schwarzen Oliven, Sardellen und Pecorinokäse 126
Feigen, karamelisierte130
Feigentorte, karamelisierte 108
Fladen nach Florentiner Art, Saras 116
Hefegebäck, Jolandas 115
Karameleis 106
Kastanienkuchen 111
Mandelgebäck 112
Mürbeteigkuchen, Marinas 111
Quarkkuchen 110
Schokoladenparfait 107
Traubenbrot 116
Zwetschgen mit Pecorinokäse 117

Tischdekoration 124

Estragonessig 127
Pfirsichlikör 117
Verveinelikör 117
Walnusslikör 128

Grundrezepte
Béchamelsauce 134
Nudelteig 135
Patisseriecreme 135
Tomatensauce 134

Wer Piemont sagt, denkt meistens an die Hügellandschaft südlich des Tanaro, träumt von einer behaglichen Küche, riecht Trüffel und Traubentrester oder lehnt sich einfach zurück, im wohligen Gefühl, als Gast willkommen zu sein. Dies alles vermittelt dieses Buch. Giovanni Goria sorgt als profunder Kenner des kulinarischen Piemont für die Einführung, und die Autorin und «padrona» des berühmten Ristorante La Contea in Neive führt die Leser mit über 110 Rezepten auf eine Reise durch die kulinarische Tradition ihrer Heimat. Sie rührt sowohl in einfachen Bauernsuppen als auch in gutbürgerlichen Fleischtöpfen und aristokratischen Cremes. Die Gerichte spiegeln den Wechsel der Jahreszeiten und das Bekenntnis zu einer schnörkellosen Küche, die selbstsicher der Wirkung der Produkte vertraut. Randnotizen, praktische Tips und Stimmungsbilder runden das schöne Kochbuch ab.

Claudia und Tonino Verro-Francalanci
Piemont
Pasta, Kräuter, weisse Trüffel
Traditionelle Rezepte aus dem Herzen des Piemont
Texte und redaktionelle Bearbeitung: Doris Blum
144 Seiten, 90 Farbfotos
fest gebunden, Schutzumschlag

Jeder kennt sie und alle lieben sie, die klassischen italienischen Gerichte. Von der Pizza in vielen Variationen über Pasta, in allen Grössen und Formen und mit unterschiedlichen Saucen bis hin zu Frutti di mare, Risotto und Tiramisu haben die klassischen italienischen Rezepte viele Generationen überdauert.
Die klassische italienische Küche hat fast überall auf der ganzen Welt Liebhaber gefunden, denn es werden in der Regel nur frische, einfache Zutaten von höchster Qualität verwendet.
Die erfahrene Kochbuchautorin präsentiert in diesem Werk über 160 der besten klassischen Rezepte der italienischen Küche.
Es enthält Rezepte sowohl für Anfänger in der Küche als auch für Könner. Das Buch bietet Klassiker für schnelle, einfache Mahlzeiten wie auch für opulente, mehrgängige Menüs.
Mit klaren Anleitungen, italienischem und deutschem Rezeptverzeichnis und vielen Farbfotos.

Julia della Croce

Klassische italienische Küche

176 Seiten, durchgehend farbig illustriert

fest gebunden

Roland Jöhri, der bekannte Meisterkoch aus St. Moritz Champfer, hat über Jahre hinweg zahlreiche Wildrezepte gesammelt, sie zum Teil weiterentwickelt und selbst neue Kreationen geschaffen. In diesem Buch präsentiert er seine besten und schönsten Rezepte mit Wild.
Neben den grossen Klassikern wie Reh- und Hasenpfeffer, Rehrücken und Pasteten finden sich interessante und attraktive Neukreationen: von Carpaccio-Variationen, mit Wildfleisch gefüllte Ravioli oder Knödeln über Fondue mit Wildfleisch bis hin zu asiatischen Inspirationen wie Rehfilet im Reisteig.
Dazu serviert er herrlich-rustikale Beilagen wie Rotkraut, Polenta,-Brotknödel und eine grosse Auswahl an süssen und pikanten Saucen, eingemachten Früchten, Pilzen und Kastanien. Abgerundet wird der Wildgenuss durch herbstliche Desserts mit Äpfeln, Birnen, Trauben, Preiselbeeren und Feigen.

Roland Jöhri
Wild und zart
Mit einem Vorwort von Fredy Girardet
168 Seiten, 80 Farbfotos
fest gebunden, mit Schutzumschlag